VOS AMIS LES HOMMES

DAVID ZINCZENKO
Rédacteur en chef de Men's Health

Avec la collaboration de Ted Spiker

Vos amis les hommes

Petit guide à l'usage des femmes

TRADUIT DE L'ANGLAIS PAR ISABELLE TAUDIÈRE

CALMANN-LÉVY

Titre original :

MEN, LOVE AND SEX

ISBN : 978-2-253-08493-8 – 1re publication LGF

Ce livre est dédié aux milliers d'hommes qui nous ont confié leurs pensées les plus intimes, leurs sentiments les plus secrets et leurs désirs les plus fous. À eux, et aux milliers de femmes qui ne les en aimeront que mieux.

SOMMAIRE

INTRODUCTION

Vos amis les hommes

Petit guide à l'usage des femmes

MAIS QU'EST-CE QU'ILS ONT DANS LE CRÂNE, BON DIEU ?

Nul doute que vous avez passé maintes soirées pendue au téléphone, maintes après-midi autour d'un café avec vos copines à méditer cette vaste question. Et nul doute que vos copines, compatissantes, en arrivaient invariablement à la même conclusion : « Y a pas à dire, ils viennent vraiment d'une autre planète, les mecs ! »

Comment veulent-ils qu'on les comprenne s'ils ne se livrent jamais ? On ne sait pas ce qu'ils pensent, dès qu'on essaie de leur parler ils se referment comme une huître, un but de Zidane les affole plus que notre nouvelle petite robe noire et leur cœur est plus difficile à percer qu'un coffre-fort !

Je vous le concède, mesdames : il y a un fond de vérité dans tout cela. Nous avons parfois moins de mal à engager le dialogue avec le livreur de pizzas qu'avec vous, et après l'amour, nos ronflements sonores ne sont certes pas une réponse très galante à vos câlins. Fondamentalement, pourtant, nous avons envie de la même chose que vous, ou presque : une relation harmonieuse, ouverte et épanouie et, surtout, vous satisfaire pleinement. Qu'une femme comprenne cela, et elle trouvera le moyen de nous faire entendre ce qu'elle attend de nous.

À première vue, le chemin pourrait paraître parfaitement balisé. Dans la pratique, c'est un champ de mines. Comment en sommes-nous arrivés là ?

On serait tenté d'expliquer cela par les bons vieux clichés sur les différences entre hommes et femmes, qui voudraient que nous n'attendions pas la même chose de l'autre, de l'amour, de la vie de couple. Or, les malentendus ne proviennent pas des attentes en soi, mais de la façon dont nous les *exprimons*. Et au chapitre des sentiments, hommes et femmes parlent un langage très différent. Pour communiquer, chacun doit donc apprendre la langue de l'autre et s'efforcer de décrypter ses codes. C'est précisément l'objectif de cet ouvrage, dans lequel les hommes se dévoilent et – miracle ! – parlent sans fard et sans détours. Ils nous ont confié leurs sentiments, leurs peurs, leurs désirs, et jusqu'à leurs petits secrets les plus inavouables... À notre tour, nous vous les confions.

PLEINS FEUX SUR LES HOMMES

Dans le cadre de notre enquête exclusive sur « Les hommes, l'amour et le sexe » réalisée par l'institut de sondages Harris Interactive, nous avons interrogé plus de 5 000 hommes et femmes. Nous leur avons posé des questions extrêmement intimes, auxquelles ils ont répondu en toute sincérité. Ce qu'ils nous ont appris, c'est que les deux sexes ont en réalité des désirs très similaires : comme vous, nous cherchons le grand amour, nous avons envie d'une vie sexuelle riche et variée (de la petite crapulerie entre deux portes aux longues après-midi sensuelles, en passant par toutes les déclinaisons possibles), et nous voulons une relation qui dure plus longtemps qu'un week-end de Pentecôte. Mais voilà, nous sommes de piètres communicants, et c'est là que les choses se gâtent. Entre les signaux de fumée, les bouderies, les silences et la panoplie de codes propre à chaque sexe, c'est à se demander comment nous arrivons à comprendre quoi que ce soit à l'autre, voire à le rencontrer.

Hommes et femmes passent un temps faramineux à réfléchir à leur vie amoureuse – réelle ou rêvée : au moins une heure par jour pour 60 % des hommes, et au moins deux heures par jour pour 40 % des femmes. À deux, nous passons ainsi 1 095 heures par an à nous torturer les méninges sur notre vie de couple. Si nous mettions autant d'acharnement à chercher la formule d'un biocombustible, la crise énergétique serait résolue depuis longtemps ! Or, comble de l'ironie, malgré toutes nos cogitations et notre bonne volonté, nous ne sommes même pas fichus de résoudre nos crises conjugales : les deux tiers des personnes interrogées avouent se chamailler avec leur tendre moitié tous les quinze jours.

Pourquoi tant d'incompréhension ? Sans doute en partie parce que nous avons les uns comme les autres tendance à nous replier sur des idées toutes faites, que nos amis de même sexe se plaisent à renforcer. Pour preuve : 82 % des femmes vont chercher conseil auprès d'autres femmes pour tenter de comprendre leur homme. Autant demander à Vladimir Poutine de vous faire une démonstration de rock acrobatique ! Un peu de bon sens : qui mieux qu'un homme saurait vous révéler les mystères de la psyché masculine ?

Alors, laissons-leur la parole.

ILS PARLENT À CŒUR OUVERT

Contrairement à ce que vous pensiez, les extraterrestres qui partagent votre vie, vos ébats et vos émois sont doués de parole – et même très doués, quand ils s'y mettent ! Dans notre enquête, ils nous ont parlé d'amour, d'insécurité, de sorties entre hommes... et de vous, bien sûr : de vos talents et lacunes d'amantes, de vos côtés exaspérants, et de ce que vous pourriez dire ou faire pour les rendre plus heureux. Ils ont expliqué ce qui les fait fuir, ce qui leur fait peur, ce qui les inquiète. Mais ils ont surtout dit pourquoi ils vous aiment et tiennent tant à vous.

Et puisque plus de 75 % des femmes se plaignent de ne pas comprendre les hommes, ces confidences m'ont inspiré deux grandes ambitions : d'abord vous livrer les arcanes de la psychologie masculine, afin de vous aider à maîtriser notre langage verbal et non verbal ; et, à partir de là, vous suggérer les approches et initiatives qui ancreront vos relations amoureuses dans la durée.

Je dirige depuis plus de douze ans la rédaction de *Men's Health*, le plus grand magazine masculin de la planète. Chaque mois, nous abordons des questions liées aux rapports amoureux. Nous interrogeons les hommes sur leurs désirs et leurs fantasmes, nous analysons les recherches les plus récentes en matière de sexualité, d'amour et de relations hommes-femmes. Mon rôle consiste à donner aux hommes ce qu'ils veulent et, pour ce faire, je dois d'abord savoir ce qu'ils veulent – dans tous les domaines, de la musculation à la diététique en passant par les femmes et l'amour. Au fil des ans, j'ai ainsi appris à cerner les besoins de ces messieurs et à y répondre.

Mais je sais également que, malgré ces longues années d'études sur l'espèce mâle, les meilleurs experts en la matière restent les hommes eux-mêmes, dans toute leur diversité. Nul n'est mieux placé qu'eux pour répondre à votre éternelle question : « Mais qu'est-ce qu'ils ont dans le crâne ? » Ils ont été des milliers à le faire dans des entretiens individuels et à travers notre questionnaire publié sur le site Internet de notre revue (menshealth.com). Ils se sont montrés remarquablement francs et directs, ont exprimé très précisément leurs désirs et leurs attentes, et nous ont confessé leurs craintes et leurs faiblesses – tout ce qu'ils ne vous avoueraient jamais, même sous la torture.

Plus qu'un recueil de confidences, cet ouvrage se veut aussi un guide de l'utilisateur – ou, plus justement, de l'utilisatrice. Il vous aidera à lire dans les pensées – et les silences – de votre homme, à démystifier ses comportements et ses réactions, et à interpréter ses gestes, ses monosyllabes et ses grommellements. Vous aurez alors toutes les données en main pour bâtir une relation plus intense, plus solide, plus sexy et plus satisfaisante.

Désormais, vous ne pourrez plus dire que vous ne saviez pas !

ILS DÉVOILENT LEUR VRAIE NATURE

Sous notre coquille, nous sommes de grands tendres.

« Extérieurement, nous sommes aussi coriaces qu'une huître – et aussi difficiles à ouvrir. Mais à l'intérieur, nous sommes fragiles et vulnérables. Et nous manquons trop souvent d'assurance pour pouvoir échanger des

confidences entre hommes comme le font les filles. Du coup, nous intériorisons beaucoup. » (Michael, 30 ans)

Nous sommes bien plus simples que vous ne le pensez.

« *Les femmes s'expriment de façon trop subtile pour nous, et on ne sait jamais trop sur quel pied danser. Les hommes sont beaucoup plus directs. Pour nous, 1 + 1 ne peut vouloir dire que 2 – mais dans aucun cas 5, ni 8 ni "je ne t'aime plus".* » (Ryan, 31 ans)

Nous sommes plus sensibles qu'il y paraît aux peines de cœur.

« *Les garçons tombent amoureux plus tôt que les filles. Comme moi, la plupart de mes copains aimaient sincèrement leur première petite amie. Quand elle leur a mis le cœur en lambeaux, ils ont décidé de ne plus jamais s'exposer à de telles souffrances.* » (Danny, 23 ans)

On frime pour vous impressionner.

« *Sous nos allures de séducteurs irrésistibles, nous sommes si peu sûrs de nous que nous avons besoin d'entendre que nous sommes les plus beaux et les plus forts.* » (Paul, 27 ans)

Nous n'arrivons plus à nous situer dans le couple.

« *Beaucoup d'hommes ont l'impression de devoir être en même temps le père de famille des années 50 qui fait bouillir la marmite et le nouveau mâle tendre et sensible des années 90.* » (Bryce, 29 ans)

Ils révèlent leur conception de l'amour

Nous sommes aussi en quête d'absolu.

« *La plupart des hommes ont envie de trouver le grand amour, et la femme idéale est pour nous autant une amie qu'une complice, un soutien et une amante. Nous avons des trésors de tendresse à offrir, et nous rêvons de nous abandonner physiquement, affectivement et spirituellement à l'élue de notre cœur.* » (Jeffrey, 28 ans)

Nos gages d'amour sont si discrets qu'ils vous échappent.

« *L'amour ne se résume pas aux câlins et aux petites attentions gentilles. Tout ce que nous sacrifions pour une femme est en soi une preuve d'amour : rentrer plus tôt du bureau ou annuler une soirée entre copains, par exemple. Parce qu'ils veulent maîtriser la plupart des situations, les hommes sont en permanence confrontés à des luttes de pouvoir. Renoncer volontairement au pouvoir en cédant aux désirs d'une femme est un signe très fort. Un homme ne peut se résoudre à ce genre de chose que s'il est vraiment très amoureux.* » (Bryan, 36 ans)

Nous sommes raides dingues, mais ça ne se voit pas.

« *Quand nous sommes vraiment bien avec vous, nous nous laissons porter. Ce n'est pas parce que nous passons nos soirées avachis dans le canapé devant le match de foot que nous ne sommes pas amoureux.* » (Rick, 31 ans)

Dans la tempête, nous faisons tout pour sauver le couple.

« C'est quand tout va mal que nous prouvons à quel point nous tenons à vous, en mettant de côté nos propres inquiétudes, frustrations et craintes pour vous aider à surmonter une épreuve, au lieu de paniquer et d'aggraver les choses. Et nous sommes prêts à endurer bien des tourments si nous savons que vous tenez autant à nous. C'est la base d'une bonne relation. » (Jon, 29 ans)

Nous voulons que ça vienne naturellement.

« Ce n'est pas en parlant d'amour que nous vous aimerons davantage. » (Bruce, 38 ans)

Nous sommes très fleur bleue.

« Nous mettons plus longtemps à dire "je t'aime", mais nous le pensons plus tôt. » (Simon, 28 ans)

Aidez-nous à vous séduire !

« Les hommes préfèrent les femmes directes, sûres d'elles et franches. Si nous vous faisons craquer, ne craignez pas de nous le montrer clairement et sincèrement. Dans Conan le Barbare, *la princesse demande conseil à la farouche guerrière pour faire comprendre à un beau mâle qu'il lui plaît. Réponse de l'amazone : "Attrape-le et prends-le !" »* (Lucas, 35 ans)

ILS VOUS PARLENT DE SEXE

Nous apprécions tout autant que vous les préliminaires.

« Les hommes sont souvent en manque d'affection. Câlins, préliminaires, caresses, effleurements discrets :

nous sommes toujours preneurs ! Montrez-nous que vous nous aimez et mettez-nous en valeur par des paroles tendres, des billets doux, et en prenant les devants sous la couette. » (Adam, 35 ans)

Nous voulons être celui qui vous comblera.

« *Nous avons une peur bleue de ne pas être à la hauteur.* » (Robert, 34 ans)

Votre enthousiasme nous excite plus que tout.

« *Aucune femme n'est plus désirable que celle qui me montre que je lui plais vraiment et qu'elle meurt d'envie de faire l'amour avec moi.* » (Joel, 40 ans)

Faire l'amour doit être une récréation.

« *Vos gémissements font notre bonheur, et nous n'aimons rien tant que vous voir prendre autant de plaisir que nous.* » (Andy, 40 ans)

Pour un homme, la « petite mort » n'est pas une image.

« *Les femmes n'imaginent pas à quel point nos pulsions sexuelles sont puissantes et irrésistibles. Faire l'amour nous vide littéralement physiquement, mentalement et émotionnellement. Une femme ne voit que le plaisir que nous prenons ou que nous semblons attendre. En fait, dans ces instants, le corps l'emporte sur l'esprit et l'intensité de l'expérience nous anéantit totalement.* » (Len, 37 ans)

Nous restons toujours très attentifs à votre plaisir.

« *L'orgasme de notre partenaire est le plus beau cadeau qu'elle puisse nous faire.* » (Jeff, 30 ans)

Résumons : les hommes sont donc des êtres simples, vulnérables et en demande d'affection. Soit. Vous en diriez autant de votre adorable yorkshire. N'ont-ils donc rien d'autre à dire pour leur défense ?

Que si ! Dans le cadre de notre étude, des femmes nous ont parlé de ce qui les déroutait le plus dans le comportement masculin, et ont voulu savoir ce que les hommes pensent, éprouvent et recherchent. J'ai repris ici leurs questions et j'y réponds à la lumière des confidences d'hommes. Ces dialogues vous éclaireront sur la logique masculine, la façon dont ils vous perçoivent, et vous montreront que, dans leur grande majorité, ils sont aux antipodes des stéréotypes dont on les affuble si souvent. Vous verrez alors qu'ils vivent bel et bien sur la même planète que vous, et que ce n'est pas tant un « gouffre d'incompréhension » qui nous sépare, que de petits malentendus quotidiens. En général, un rien suffit pourtant à les dissiper, pour le plus grand bénéfice de tous : quand la ligne n'est plus parasitée, la communication passe naturellement et nos dialogues, nos relations, nos ébats, nos disputes et notre amour s'en trouvent mille fois plus satisfaisants.

En substance, ce que nous aimerions vous faire comprendre au fil de ces pages, c'est que vous nous plaisez ; nous vous désirons ; nous avons envie de bâtir une histoire durable. Et tout ce que nous espérons en retour, c'est que vous éprouviez exactement la même chose pour nous.

Chapitre 1

Comment le faire craquer ?

Il est amoureux fou, mais il attend un signe de vous pour se déclarer. Donnez-lui la clé et il vous ouvrira son cœur.

Messieurs, pensez-vous avoir trouvé l'âme sœur ?	
Oui, et elle partage ma vie	53 %
Oui, mais nous ne sommes plus ensemble	14 %
Oui, mais nous n'avons jamais vécu en couple	9 %
Non	24 %

Une relation de couple réussie ressemble un peu à un bon dîner : la passion charnelle doit être aussi savoureuse et nourrissante que le plat de résistance, et le romantisme aussi léger et délicat qu'un grand cru. L'un ne va pas sans l'autre : un plat, aussi raffiné soit-il, ne sera mis en valeur que par la finesse d'un bon vin, et le vin tout seul nous fera tourner la tête mais n'assouvira pas notre faim. Il est vrai qu'à table comme en amour, l'homme préfère généralement le plat de résistance, tandis que la femme se laisserait plus volontiers griser par un vin fin ou des bulles pétillantes. Mais il n'en reste pas moins que monsieur comme madame veulent sortir de table pleinement satisfaits.

Contrairement à une idée trop répandue, les hommes ne sont donc ni des goinfres impénitents, ni des bêtes lubriques incorrigibles. Notre enquête a d'ailleurs révélé que plus des trois quarts de ces messieurs croient à l'âme sœur (voir ci-dessus). Et lorsque nous leur avons demandé s'ils préféreraient rencontrer la femme de leur vie ou une maîtresse qui leur offrirait six mois de sexe torride, 92 % ont opté pour l'Amour avec un grand A. (Les 8 % restants étaient sans doute encore occupés à tourner les pages de *Playboy*.) Vous pensiez que sous cette façade froide battait un cœur de glace ? Détrompez-vous, ce sont de grands sensibles :

- *« Nous avons un énorme besoin d'amour, de loyauté, et rien ne nous bouleverse plus que la magie du déclic. »* (Ian, 31 ans)

- *« Les hommes aussi ont des papillons dans le ventre et les jambes en coton quand ils sont amoureux. »* (Robert, 26 ans)

- *« Les femmes ne se doutent pas que nous sommes amoureux bien avant d'oser l'avouer à qui que ce soit... y compris à nous-mêmes ! »* (Drew, 30 ans)

Soit. Mais comment expliquer alors que, dès qu'une femme leur parle de s'engager, les hommes traînent aussi misérablement les pieds qu'un gamin à un rendez-vous chez le dentiste ? Très simple : au petit jeu de la séduction, avant de poser notre stratégie, nous voulons savoir comment vous avancez vos pions. Moins de la moitié des hommes que nous avons interrogés disent « je t'aime » les premiers, et les femmes sont plus nombreuses que les hommes à aborder avec l'élu de leur cœur l'avenir de leur relation.

En vous laissant ouvrir la partie et dévoiler votre jeu, nous cherchons d'abord l'assurance que nous sommes en terrain sûr et que nous pouvons nous laisser aller à nos sentiments sans risquer un râteau.

Michael, 37 ans, avoue qu'il préfère ne pas ouvrir trop tôt son cœur à une femme. Il ne s'agit ni de jouer les grands séducteurs hautains, ni de la laisser mariner, mais tout simplement de rester sur la réserve pour se protéger : pour démarrer, il attend qu'elle lui donne le feu vert.

« Je suis très sensible aux compliments. Qu'elle me dise que je suis son rêve devenu réalité ou qu'elle ne pensait pas qu'un homme comme moi existait, et je fonds, confie-t-il. J'ai autant besoin qu'elle d'être rassuré et admiré. C'est le signal qu'il me faut pour me jeter à l'eau. Et à partir de là, je suis prêt à combler tous ses désirs. »

Chris, 29 ans, marié depuis peu, est d'accord. « Les hommes ont besoin de s'entendre dire qu'ils sont désirables et désirés. Les femmes ont tendance à oublier que si nous leur plaisons, nous sommes parfois trop timides pour leur dire ce que nous éprouvons. » Il ajoute cette remarque très intéressante : « Elles devraient aussi admettre les règles du jeu et savoir qu'elles peuvent être blessées, comme nous le sommes tous les jours, prendre des risques, comme nous en prenons tous les jours, quitte à essuyer une nouvelle blessure d'amour-propre. »

Tiens donc ? Est-ce à dire que les hommes essuient plus souvent que les femmes des déconvenues ? À bien y réfléchir, cela tombe sous le sens : dans le jeu de l'approche amoureuse, ce sont généralement eux qui font le premier pas – et donc, prennent le plus de risques. Et s'ils attendent que vous ayez laissé tomber une bonne quinzaine de mouchoirs avant de réagir, c'est parce qu'ils ont peur de ramasser non pas le mouchoir, mais une gamelle. Et croyez-moi, George Clooney lui-même doit s'être fait rembarrer plus souvent qu'à son tour !

Passé le premier barrage – c'est bon, il vous plaît –, il hésitera encore à franchir l'étape suivante. Alors, tous des dégonflés ? Non. Simplement un vieux réflexe pavlovien : à vouloir toucher (ou coucher) trop vite, il s'est pris tellement de décharges électriques par le passé, que s'il se sent en sécurité avec vous, il se gardera bien de faire le moindre geste. À vous d'user de toute votre finesse et de votre diplomatie pour lui faire comprendre qu'il peut approcher, sans non plus lui donner l'impression de vouloir lui mettre le grappin dessus. Laissez-lui entendre à quel point vous êtes bien en sa douce compagnie et qu'il peut sans danger laisser libre cours à ses sentiments pour vous. Mais avancez à pas comptés car, comme vous allez le voir, le terrain est miné.

COMMENT SAVOIR SI C'EST SÉRIEUX ?

Je sors avec un homme depuis environ trois semaines et j'ai l'impression que c'est parti pour être assez sérieux. Nous nous voyons assez souvent, même en semaine. Je meurs d'envie de bâtir de vrais projets avec lui, mais j'ai peur de le faire fuir si je lui en parle. Je voudrais m'assurer que nous sommes sur la même lon-

gueur d'onde, que je suis bien la seule et que notre relation va quelque part. Comment savoir ce qu'il pense ?

Il pense qu'au bout de trois semaines il n'a aucune envie d'avoir ce genre de conversation. Pour lui cela reviendrait à annoncer *urbi et orbi* la naissance de votre nouveau couple : *Après huit soirées en amoureux, deux films et six orgasmes (cinq pour lui, un pour elle), Bob et Cindy sont ensemble pour de bon !* Tout cela est bien trop officiel et bien trop prématuré et c'est le plus sûr moyen d'étouffer l'étincelle de sa passion. « La seule chose qui peut être pire qu'une femme qui ne manifeste aucun intérêt après quelques sorties est une femme qui manifeste trop d'intérêt », souligne Anthony, 25 ans. « Doucement ! Et de grâce, ne nous dites pas que vous nous aimez au bout de trois semaines », renchérit Terry, 32 ans. Mettez-vous à leur place : vous détestez qu'il néglige les préliminaires pour passer directement au plat de résistance, n'est-ce pas ? En choisissant la couleur du papier peint de la chambre sans lui laisser le temps de dire ouf, vous lui faites exactement le même effet. S'il a envie de vous voir trois ou quatre fois dans la semaine, c'est déjà bon signe : votre relation va quelque part. Au lieu de chercher à connaître la destination finale, profitez du voyage avec lui, acceptez les surprises du chemin et laissez faire la vie.

Quel est le bon moment pour lui parler de mes sentiments ?

Je ne le connais que depuis deux mois, mais je suis sûre d'avoir enfin trouvé Monsieur Parfait : il est drôle, intelligent, il a une bonne situation et nous nous entendons merveilleusement bien. Nous avons même passé un week-end de rêve ensemble. Je suis intimement convaincue que ça va marcher entre nous, et je suis presque certaine qu'il en pense autant. Je n'ai pas envie de tout gâcher et, sans jouer les blasées, je ne voudrais pas faire un faux pas qui risque de compromettre notre relation. Comment m'y prendre pour aller plus loin ?

Dans l'absolu, deux mois c'est un clignotement à peine visible sur l'écran radar d'une relation, mais pour certains hommes c'est déjà une éternité. À ce stade, ils ont sans aucun doute besoin de sincérité. « Si elle est plus ouverte avec moi, je serai plus ouvert avec elle, surtout au début, quand chacun sonde les sentiments de l'autre », explique Warren, 33 ans. Mais prudence : parlez-lui sans crainte de vos sentiments, mais ne faites pas d'hypothèses hasardeuses sur les siens. Évitez le mot *nous*. Pour consolider votre statut de première dame de sa vie, parlez-lui de son sujet préféré : lui. Soulignez ce qui vous plaît chez *lui*, ce que vous apporte votre relation avec *lui*, et pourquoi vous l'aimez, *lui*. *Nous* le terrifie, *lui* le ravit. C'est une façon de lui faire comprendre que vous tenez à aller plus loin, tout en lui donnant l'assurance dont il a tant besoin et sans pour autant brandir le spectre de la potence et de la corde au cou. Quand une relation n'en est encore qu'à ses balbutiements, un rien peut la faire basculer vers du solide ou la précipiter dans le néant.

Dois-je lui poser un ultimatum ?

Nous sortons ensemble depuis près d'un an et demi et nous avons notre petit chez-nous depuis environ six mois. J'ai 31 ans et ma famille me tanne : si c'est le bon, qu'il m'épouse ; sinon, je ferais aussi bien de passer à autre chose car je perds mon temps. Mais d'après ma meilleure amie, il n'y a aucune chance qu'il me passe la bague au doigt, car il a ainsi tous les avantages de l'amour libre sans les inconvénients du mariage. Je serais tentée de lui poser un ultimatum ou de lui donner un délai, mais quelque chose me dit que ce n'est pas une bonne idée. Comment savoir s'il aura un jour envie d'officialiser notre situation ?

N'allez pas croire que nous repoussons l'échéance du mariage pour nous ménager une voie de sortie, dans l'espoir de trouver mieux ou par crainte de perdre les soirées torrides au sauna. Si nous avons peur de nous engager, ce n'est ni par calcul, ni par indifférence, fort au contraire. « Dans une relation, les hommes ne savent pas plus sur quel pied danser que les femmes, explique Jay, 30 ans. Je me marie dans quelques mois à une femme que j'aime beaucoup, et dont je sais qu'elle sera une merveilleuse épouse et une mère extraordinaire pour mes enfants. Ai-je vraiment trouvé l'âme sœur ? Difficile à dire, mais si ce n'est pas elle, elle y ressemble beaucoup. » Quand nous décidons de nous marier, nous voulons être sûrs de ne pas nous tromper – pour vous comme pour nous. L'ultimatum est en effet une très mauvaise idée. Si vous lui avez toujours manifesté clairement vos sentiments et s'il sait que c'est *lui* qui compte et non la relation, rien de vous empêche de l'interroger ouvertement non pas sur ses intentions, mais sur ses sentiments à votre égard. S'il est incapable de vous dire ce qu'il pense et ce qu'il éprouve, vous avez sans doute la réponse que vous cherchiez.

Petit précis de logique masculine

Trois choses que vous savez de nous :

- Si vous voulez parler de l'avenir d'une relation, ne précipitez surtout pas les choses. N'abordez pas le sujet trop tôt et ne soyez pas trop explicite sur la façon dont vous envisagez la suite des événements.
- Nous n'avons pas peur de tomber amoureux, plutôt de nous entendre dire que nous sommes amoureux. Parlez de ce que vous éprouvez pour nous et non des sentiments que vous inspire la relation.
- Nous vous manifesterons plus volontiers nos sentiments si vous nous donnez l'exemple. Faute de quoi, nous resterons bloqués au carrefour en attendant que le feu passe au vert.

Un peu de tact...

Ne dites pas : J'ai décroché mon doctorat avec les félicitations du jury.
Dites : Le droit constitutionnel c'était du gâteau, mais je n'ai jamais été fichue de comprendre les règles du rugby.
Parce que : La perfection intimide ; les petites lacunes sont attachantes.

> *Ne dites pas :* À quel poste te vois-tu, dans cinq ans ?
> *Dites :* Le bonheur, c'est quoi, pour toi ?
> *Parce que :* Il a besoin de savoir que c'est lui qui vous intéresse, pas son plan de carrière.

Ne dites pas : Je ne supporte pas mes frères et sœurs.
Dites : J'aime beaucoup mes frères et sœurs, même s'ils sont parfois un peu durs à vivre.
Parce que : Plus vous les acceptez avec leurs défauts, plus vous l'accepterez avec ses défauts.

DÉCRYPTAGES

Il a promis de m'appeler et il ne le fait pas.

Comme un jockey avant une course, il attend le signal du départ pour franchir le starting-gate. Un faux départ, et tout est à refaire. En laissant passer quelques jours, il se donne le temps de trouver le bon rythme avant de s'élancer sur la piste. S'il ne donne toujours pas signe de vie au bout d'une semaine, il y a de fortes chances pour qu'il se soit désisté et qu'il envisage de tenter une autre course, ailleurs.

Il me rappelle immédiatement.

Il sait qu'il risque de passer pour un chien perdu trop heureux que quelqu'un s'intéresse enfin à lui, mais il veut aussi vous faire comprendre qu'il ne craint pas de jouer franc jeu – que ce soit vrai ou pas.

Au lieu d'appeler après notre première soirée, il m'envoie un mail.

Il lui a fallu 14 brouillons avant de trouver le ton juste, dosant habilement humour, romantisme et flatterie, et donner l'impression que l'inspiration lui est venue le plus naturellement du monde. Il ne redoute pas la conversation, mais il espère que son premier mail arrivant sur votre messagerie vous fera autant d'effet que vous lui en faites.

> **Drôles de zigs !**
> 23 % des hommes disent « je t'aime » pour se tirer d'affaire quand la discussion tourne mal.
> 26 % des hommes pensent qu'il n'y a rien de mieux qu'une soirée cocooning à deux pour attiser leur désir.

Question de femme

Mon mari me répète à l'envi que ses copains me trouvent sexy. Pourquoi cela le ravit-il à ce point ?

Le supermâle, vous connaissez ? Un bon job, une grosse voiture, un compte en banque bien garni, un corps musclé... et une belle épouse. Vous faites partie de l'équation. Et pour ne rien gâcher, vous êtes vraiment sexy.

Mots coquins, mots câlins

La chose la plus sexy qu'une femme ait dite à Joe, 36 ans :

« Oh, dis donc ! »

La chose la plus sexy qu'Amy, 23 ans, ait dite à un homme :

« Je te veux, là, maintenant, tout de suite. »

Chapitre 2

Pourquoi faut-il toujours qu'il prenne l'initiative ?

Parce que vous ne la prenez pas.
Séduisez-le en vous montrant plus audacieuse aux moments opportuns.

Messieurs, vous diriez que votre vie sexuelle est :	
Excellente	16 %
Bonne	28 %
Passable	24 %
Médiocre	14 %
Déplorable	18 %

Ces statistiques vous choquent ? Leur franchise brutale a pourtant le privilège de remettre les pendules à l'heure : en amour, ces messieurs ne se contentent pas de n'importe quoi, n'importe comment avec n'importe qui. Pour preuve : 56 % des hommes interrogés se disent peu ou pas satisfaits de leur vie sexuelle. Ce qui revient à dire que sur 2 500 hommes, 1 400 sont embarqués dans un voyage au bout de l'ennui. Du nerf, mesdames, ressaisissez-vous ! Car visiblement, ça coince quelque part. Mais où ?

Tous les hommes que j'ai pu interroger sur la question – à travers notre enquête, dans le cadre de mon travail à la rédaction de *Men's Health* et en une trentaine d'années passées à les écouter – avouent un même désir : tous aimeraient que leur compagne prenne l'initiative une fois de temps en temps et fasse preuve d'un peu d'imagination pour titiller leurs fantasmes.

Sur une échelle de 1 à 10 (1 correspondant à une patiente anesthésiée et 10 à une rockeuse SM déchaînée), les hommes évaluent l'agressivité sexuelle de leur compagne à 5/10. Selon notre sondage, ils rêveraient d'un 8/10. Et leurs plus beaux souvenirs érotiques sont systématiquement ceux où madame a pris les choses en main. Morceaux choisis :

• Andy, 31 ans, n'oubliera jamais le jour où sa petite amie a mené la danse de À à Z sans lui laisser voix au chapitre. « *Elle s'est spontanément caressée devant moi en m'interdisant de la toucher et même de me déshabiller. Elle me demandait de lui dire qu'elle m'excitait (je n'avais vraiment pas à me forcer !), et plus je lui disais combien je la trouvais sexy, plus je sentais son plaisir monter, jusqu'au moment où elle s'est donné un magnifique orgasme sous mes yeux.* »

• John, étudiant de 27 ans, apprécie pour sa part l'inventivité et l'agressivité presque masculine de sa compagne. « *Un jour en rentrant à la maison, je l'ai trouvée déguisée en collégienne sage : petite jupe plissée, lunettes rondes, socquettes, tout y était. Elle m'a littéralement sauté dessus, s'est mise sur moi et a pris tout son plaisir. C'était fabuleux ! Et moi, j'ai pris un pied incroyable !* »

• Kyle, 36 ans, marié depuis quatre ans, précise que pour provoquer le désir, il est inutile d'en faire des tonnes et de jouer les acrobates ou les stars du porno. « *Il y a quelque temps, ma femme m'a appelé au bureau et elle m'a totalement allumé au téléphone, en me disant qu'elle avait tellement envie de moi qu'elle n'y tenait plus. Quand je suis arrivé, elle m'avait laissé un petit mot à l'entrée : "Mets-toi à l'aise et rejoins-moi au lit." Je me suis aussitôt mis au garde-à-vous et nous avons retrouvé la fougue de nos vingt ans !* »

• Joseph, 31 ans, marié depuis cinq ans, garde également un souvenir impérissable des initiatives coquines de son épouse. « *En rentrant du bureau, j'ai trouvé la maison nimbée d'une lumière tamisée, une musique douce qui flottait dans l'air, et ma femme en dessous affriolants ! Elle m'a accueilli sur le seuil, nous nous sommes embrassés et longuement caressés, puis elle m'a attiré sur elle, m'a agrippé les fesses en gémissant et en guidant mes mouvements. Nous avons tous deux percé le septième ciel et nous nous sommes endormis.* »

Vous tombez des nues ? Vous auriez pourtant juré que les hommes préfèrent contrôler la situation et que rien ne les excite plus que de sentir qu'ils sont maîtres à bord. Erreur. Pensez à Brad Pitt et Angelina Jolie. Si le monde entier s'accorde à reconnaître qu'ils forment le couple le plus sexy du monde, qui, d'après vous, donne les ordres au lit ?

Vous avez deviné.

Nous sommes certes chasseurs dans l'âme, mais nous sommes aussi attentifs à la difficulté de la traque qu'à la qualité du gibier. Une proie qui se renverse sur le dos à la première pichenette et fait le mort nous gâche tout le plaisir. C'est la chasse à la tigresse qui nous motive, une partie qui se joue entre deux créatures de même puissance sexuelle, et qui ne soit pas gagnée d'avance. Et une fois que nous vous aurons prise à nos filets, nous espérons que vous serez aussi agressive que nous et que vous saurez exciter nos mâles instincts en inversant les rôles. Séduisez-nous, taquinez-nous un peu – beaucoup. Caresse-moi, ici. Déshabille-toi. Viens sur moi. Encore. Maintenant.

C'est là le genre d'ordres qu'un homme ne se lassera jamais d'entendre.

DOIS-JE ME MONTRER TRÈS ENTREPRENANTE DÈS LA PREMIÈRE NUIT ?

Je sors avec un garçon depuis deux semaines, mais nous n'avons pas encore couché ensemble. Je redoute un peu le moment fatidique. Je sais bien que je ne devrais pas me comparer à ses ex, mais j'aimerais qu'il se souvienne de moi comme de sa meilleure maîtresse. Comment l'impressionner sans lui donner à penser que j'ai trop d'expérience ou, pire, passer pour une perverse ?

Entre le zèle amoureux et le grand show érotique du Cirque du Nirvana, il y a un pas. Inutile de le franchir pour lui prouver que vous associez des talents de toréador à la souplesse d'une trapéziste et aux vibratos d'une Castafiore. Montrez-lui simplement que vous êtes sensuelle, ouverte d'esprit, et surtout que c'est lui qui éveille tout votre désir. En soi, l'excitation de la première fois – preuve qu'un pauvre diable comme nous peut séduire une créature de rêve comme vous – suffit à rendre l'expérience exceptionnelle.

À 29 ans, Marcus a toutefois appris à ne pas se fier au premier contact amoureux. « Avec certaines femmes, la première nuit est souvent très classique, et il faut parfois un certain temps pour les mettre en confiance et les découvrir, sexuellement parlant. Personnellement, ce qui me fait craquer chez une femme ce n'est pas son expérience, mais sa façon de me manifester son désir et son impatience aux moments les plus inattendus. » Une expérience sexuelle réussie est un peu comme une longue traversée du pays en voiture : nous voulons faire la route avec une femme enthousiaste, qui ait le goût de l'aventure et puisse nous relayer au volant de temps en temps. Surtout pas une cascadeuse.

COMMENT LES HOMMES JUGENT-ILS UNE FEMME AU LIT ?

Je ne suis pas dupe : je sais très bien qu'un homme ne critiquera jamais une femme au lit et qu'il lui dira toujours qu'elle est formidable – sans quoi, il risque fort de se retrouver dans la rue en caleçon en pleine nuit. Mais comment savoir s'il apprécie véritablement nos performances ?

À une certaine époque, j'avais un patron qui, pour rétrograder un employé, se gardait bien de le convoquer pour lui annoncer la mauvaise nouvelle, mais épinglait sur le tableau d'affichage du bureau l'organigramme de l'entreprise où le malheureux découvrait qu'il était relégué tout au bas de l'échelle. Ce n'est pas le meilleur moyen de fidéliser ses équipes, mais cela montre une chose : personne n'aime annoncer une mauvaise nouvelle. Et encore moins à quelqu'un que l'on est appelé à côtoyer tous les jours.

Mais un couple n'est pas une entreprise et les hommes, s'ils ont leur avis, ne vous jugent ni sur vos « performances », ni à l'aune de leurs anciennes maîtresses. Ce qui pour eux fait la qualité d'une relation, c'est d'abord votre enthousiasme – la façon dont vous réagissez à leurs caresses, dont vous vous abandonnez dans leurs bras. « J'ai eu des maîtresses extraordinaires, dont une qui s'évertuait à inventer un truc nouveau à chaque fois : un coup c'était les foulards rouges sur les lampes, un autre, elle testait une nouvelle position, j'en passe et des meilleures... et c'était génial, convient Brad, 32 ans. Avec ma compagne actuelle, c'est tout à fait différent, beaucoup plus classique, mais c'est aussi très intense, très agréable et ça reste super, mais à un autre niveau. » Un homme ne s'attarde jamais sur la dernière fois : il est entièrement focalisé sur la prochaine. L'homme est au sexe ce que le Coyote est à Bip-Bip : même si nous avons l'impression de nous être pris une enclume sur la tête, nous nous relevons toujours pour préparer notre prochain coup.

Cela étant, si vous voulez vraiment savoir ce qu'il pense de vos talents d'amante, je vous livre un petit indice : avant de coucher avec vous, il se montrera charmant, aimant, attentionné et romantique. S'il l'est encore après avoir couché avec vous, c'est signe que ses attentes ont été comblées.

QUELS SONT LES BESOINS SEXUELS DES HOMMES ?

Je suis mariée depuis six ans, et nous faisons beaucoup moins l'amour qu'avant – une fois tous les quinze jours environ, contre trois ou quatre fois par semaine auparavant. Mis à part la fatigue et peut-être une sensation de sombrer dans la routine, je n'y vois aucune explication valable et je crains surtout que ce ne soit pas assez pour lui. J'aimerais assouvir pleinement ses appétits, mais nous manquons souvent de temps et d'énergie. Notre couple est-il en danger ?

Il faut savoir que la plupart des hommes admettent qu'ils finiront un jour par devenir adultes. Bien sûr, me direz-vous, il y a Eddie Barclay... Soit. Mais lui n'avait que ça à faire.

Nous autres, pauvres mortels, sommes bien plus terre à terre. Comme vous, entre le stress professionnel, les enfants, et un corps qui ne suit pas toujours, nous nous demandons aussi si nous comblons tous vos désirs. Vous nous avez connus en jeunes premiers, toujours prêts à dégainer, et notre mitraillette a peu à peu pris des allures de pistolet à bouchon. Et nos emballements d'antan ont davantage fait place à un travail à la chaîne. John, 43 ans et marié depuis 15 ans, est réaliste. « Est-ce que j'espère faire l'amour trois fois par semaine, comme au début de notre mariage ? Non. Ce ne serait pas l'envie qui m'en manque, mais je n'ai plus autant d'énergie. »

Nous en sommes tous là – et les tombeurs du genre d'Eddie Barclay restent l'exception ! Cela étant, une baisse quantitative ne doit pas entraîner une baisse qualitative, au contraire. « J'ai parfois l'impression que ma femme fait l'amour pour s'acquitter de son "devoir conjugal" une fois de temps en temps. Il n'y a rien de plus désagréable. » Le secret, c'est de ne pas faire de fixation sur la fréquence, mais de se ménager des instants privilégiés, où l'un et l'autre sont autant dans le désir et disposés à savourer le partage. Avec l'âge et la maturité, nous préférons un whisky d'excellente qualité à cinq mauvaises bières.

PETIT PRÉCIS DE LOGIQUE MASCULINE

Trois choses que vous savez de nous :

- Il suffit parfois que vous preniez les devants pour faire d'une nuit d'amour un souvenir impérissable.
- Votre enthousiasme et le plaisir que vous prenez nous excitent mille fois plus que n'importe quel show érotique.
- Avec le temps, une relation est d'autant plus satisfaisante qu'elle privilégie la qualité plutôt que la quantité des rapports sexuels.

Un peu de tact...

Ne dites pas : Je ne sais pas où va notre relation.
Dites : J'espère qu'on fera un long bout de chemin ensemble.
Parce que : Il n'en sait rien non plus.

> *Ne dites pas :* Pourquoi tu ne m'invites pas dans ta famille à Noël ?
> *Dites :* J'aimerais beaucoup connaître tes parents.
> *Parce que :* Il ne comprendra pas que c'est important pour vous si vous ne lui dites pas.

Ne dites pas : Il serait temps qu'on s'installe ensemble, non ?
Dites : J'ai envie de vivre avec toi, mais je suis prête à attendre.

Parce que : Les hommes prennent plus vite des décisions quand on ne leur force pas la main.

DÉCRYPTAGES

Il ne reste pas dormir.

Les hommes ont l'esprit pratique. Quand il rentre chez lui après l'amour, l'idée que cela puisse vous froisser ne l'effleure même pas. S'il travaille le lendemain, il a envie d'avoir son rasoir et une chemise propre sous la main en se réveillant.

Il reste dormir.

Les hommes ont l'esprit pratique. Quand il s'endort après l'amour, l'idée que cela puisse vous froisser ne l'effleure même pas. S'il ne travaille pas le lendemain, il est plus facile de rester que de repartir en pleine nuit.

Il a le menton mal rasé.

Il sort d'une rupture difficile.

> **Drôles de zigs !**
> 72 % des hommes prennent l'initiative des relations sexuelles plus d'une fois sur deux.

QUESTION DE FEMME

Ce ne sont plus des cheveux, c'est un tas de foin, et moi j'ai l'impression de sortir avec un clochard ! J'essaie de lui dire gentiment qu'il serait grand temps qu'il aille chez le coiffeur, mais on dirait qu'il prend

un malin plaisir à attendre trois semaines de plus pour prendre rendez-vous. Pourquoi ?

Rappelez-vous la chanson d'Antoine : « Ma mère m'a dit : "Antoine, va te faire couper les cheveux ! Je lui ai dit : " Ma mère, dans vingt ans si tu veux... » Depuis, il a grandi. Et il n'a pas plus envie de s'entendre dire qu'il est incapable de se prendre en main, que vous n'avez envie d'entendre que vous auriez besoin d'une bonne épilation. Il se croise de temps en temps devant le miroir. Il ira chez le coiffeur quand il le pourra ou quand ça lui chantera.

MOTS COQUINS, MOTS CÂLINS

La chose la plus sexy qu'une femme ait dite à Craig, 28 ans :

« Ton corps me rend folle. »

La chose la plus sexy que Diane, 31 ans, ait dite à un homme :

« Je ne me lasserai jamais de toi, de ta peau, de tes caresses, de tes yeux. »

Chapitre 3

Y a-t-il une vie après l'amour ?

Tous les matins, son désir s'éveille dès qu'il ouvre les yeux. Mais sa soif de tendresse ne s'arrête pas à la porte de la chambre à coucher.
Sachez repérer ses marques d'affection au quotidien.

Messieurs, quel est pour vous le principal ingrédient d'une relation réussie ?	
L'amitié	61 %
Des rêves communs et un projet de vie	31 %
Le sexe	8 %

Soyons honnêtes : certains hommes ne demandent rien de plus que vingt minutes de sexe pour se mettre en jambes (Vous dites ? Trois minutes ? Bon, d'accord, ne chipotons pas !), et quelques-uns sont même prêts à tous les sacrifices pour avoir leur câlin du matin. S'il en est d'autres qui ne cherchent qu'une petite aventure rapide, et une voiture encore plus rapide pour prendre la poudre d'escampette, sachez que ces spécimens sont à peu près aussi représentatifs de l'espèce mâle qu'Elle MacPherson l'est de la gent féminine. Dans notre grande majorité, nous voyons bien plus loin que la satisfaction immédiate de notre libido et, croyez-le si vous voulez, nous sommes pétris de romantisme.

Les hommes que nous avons sondés reconnaissent volontiers aimer le sexe, mais ils s'empressent de préciser qu'une bonne entente sexuelle ne suffit pas à garantir la réussite d'une relation. 63 % d'entre eux doutent fort qu'une femme qui se retrouve dans leur lit dès le premier soir sera celle qu'ils épouseront, et plus de la moitié se disent incapables de coucher avec une femme qu'ils n'aiment pas. Plus révélateur encore, les hommes sont un peu étonnés de se voir caricaturés comme des étalons primaires tirant sur tout ce qui bouge et dont toute l'activité cérébrale serait axée sur la prochaine conquête. En réalité, le sexe ne représente qu'une composante (très agréable) de la vie à deux.

• « *Les femmes doivent comprendre que nous avons de gros besoins affectifs. C'est autant une question d'acceptation et d'amour qu'une récompense et un soulagement. Pour nous sentir aimés et désirés, nous attendons que notre compagne réagisse au quart de tour à nos bouffées de tendresse physique.* » (Keith, 26 ans)

• « *Nos désirs ne sont pas très différents de ceux des femmes : nous cherchons* la *personne qui nous rendra heureux et avec qui nous partagerons de longues années de bonheur. Et surtout, une femme qui restera la même après le mariage qu'aux premiers temps de notre relation.* » (Bob, 35 ans)

• « *Les femmes ne se rendent pas bien compte qu'une relation peut être – et est souvent – un engagement affectif tout aussi fort pour nous que pour elles.* » (Todd, 27 ans)

• « *Nous pensons beaucoup au sexe, mais nous sommes plus attachés à la femme que nous aimons qu'au sexe.* » (Reed, 27 ans)

• « *Ce qui me fait craquer chez une femme, c'est sa sensualité. Pour moi, la femme idéale est celle qui n'a pas peur de me confier toutes ses pensées les plus intimes.* » (Jerry, 32 ans)

Le témoignage de Richard, 31 ans, est à ce titre très éloquent. Quand il avait une vingtaine d'années, il est sorti pendant un peu moins d'un an avec une fille particulièrement experte, qui lui a fait connaître les émois les plus incroyables de sa vie. « Et quand je dis incroyable, souligne-t-il, je pèse mes mots ! Elle n'avait strictement aucun tabou, aucune inhibition. J'avais l'impression qu'elle essayait de se surpasser à chaque fois. Certains soirs, elle se penchait vers moi pour me demander ce qui me ferait plaisir, un peu comme une serveuse prendrait commande au restaurant. Si je n'étais pas en forme, je n'avais qu'à lui demander une petite gâterie, et hop, monsieur était servi ! »

Sur le plan sexuel, la relation était on ne peut plus satisfaisante, mais Richard avoue qu'ils avaient plus de problèmes qu'un disque dur de dix ans d'âge. Avec le recul, il se dit qu'ils traversaient l'un et l'autre des phases très différentes de leur carrière et de leur vie. Mis à part les soirées entre amis, ils n'étaient jamais d'accord sur le programme du week-end (lui aimait la nature, elle non). Et au fond de lui-même, il ne lui faisait absolument pas confiance et, même s'il n'en a jamais eu la preuve, il la soupçonnait de l'avoir trompé au moins une fois. « Un soir, quand elle a lâché au milieu d'une conversation qu'elle aimait beaucoup mes parents et qu'ils feraient des beaux-parents idéaux, j'ai réalisé que je ne me voyais pas fonder une famille avec elle. Nous nous sommes séparés quelques semaines plus tard. Les nuits torrides ne compensaient pas la médiocrité de nos relations. »

Cette vie sexuelle « à la carte » a pu laisser croire à Richard que son couple pourrait marcher, mais elle n'a fait que prolonger une situation intenable. Nous rêvons tous, bien entendu, d'exploits excentriques et s'il est vrai que nous ne nous plaindrons jamais de trop d'amour, nous ne sommes pas de simples bêtes de sexe. Nous avons un cœur, nous aussi, et même des états d'âme.

NE NOUS SORTENT-ILS LE GRAND JEU QUE POUR COUCHER AVEC NOUS ?

Il y a quelques semaines, mon petit ami m'a promis une belle soirée en amoureux, juste pour le plaisir. Il avait envie de rompre un peu la routine et de s'amuser. Et il y a mis le paquet ! Après un dîner dans un excellent restaurant et un spectacle dans un petit théâtre, il m'a emmenée danser – ce qu'il ne fait jamais. Il m'avait même préparé une jolie carte avec un mot d'amour. Inutile de dire que j'ai totalement fondu et que nous avons redoublé d'ardeur sous la couette ! Mais juste après le grand frisson, il s'est retourné et s'est endormi. Et le lendemain, retour à la normale. Je sais que les hommes sont prêts à beaucoup de choses pour obtenir nos faveurs, mais là, j'ai eu l'impression qu'il n'avait fait tout cela que pour exciter son désir à lui. Je me trompe ?

Totalement. Un homme est un peu comme une voiture (de luxe s'entend) qui serait équipée de deux réservoirs : un réservoir physiologique, qui lui fournit son énergie sexuelle, et un réservoir affectif, où nous puisons nos ressources romantiques. L'un et l'autre ont une capacité limitée, et une fois que nous l'avons vidé, nous devons laisser refroidir un peu le moteur avant de refaire le plein.

Fondamentalement, nous avons tous la fibre romantique et nous ne demandons qu'à jouer vos Roméo, même si nous savons que cela ne se terminera pas forcément au lit. Une nuit d'amour est la cerise sur le gâteau, mais nous pouvons tout aussi bien vous faire le grand jeu pour la beauté du geste. Le simple fait de vous impressionner par une performance hyperromantique nous procure des sensations au moins aussi fortes qu'un formidable orgasme.

Cela étant, nous n'avons ni le temps, ni l'énergie, ni la créativité de vous épater tous les jours. « Si je le pouvais, je serais son chevalier servant à chaque instant de ma vie. Mais il faudrait déployer une énergie d'athlète et des talents de prestidigitateur pour trouver le plan qui comble toutes ses attentes », avoue Jay, 33 ans, qui est avec son amie depuis un an. « Je suis très romantique et amoureux fou, mais j'ai parfois du mal à le montrer », confie Kenny, 24 ans. Tout ce qui est rare est cher et c'est pourquoi nous distillons si jalousement nos énergies, notre temps et notre imagination pour vous faire chavirer – tout comme vous savez parfois nous éblouir par votre passion charnelle. Mais dans notre esprit, sexe et romantisme sont deux choses bien différentes et l'un ne va pas nécessairement avec l'autre.

QUE FAUT-IL FAIRE DE PLUS POUR GAGNER TOUTE SON AFFECTION ?

Je ne comprends pas. Je sais – pour en avoir beaucoup parlé avec mes amis – que je suis sexuellement très agressive. Je suis sexy dans ma façon d'être et de m'habiller, j'adore faire l'amour, je n'ai pas peur de la nouveauté et je sais procurer du plaisir à un homme. Pour ne rien gâcher, je suis plutôt intelligente et drôle. Mais voilà : depuis deux ans, je n'ai jamais réussi à garder un copain plus de quatre ou cinq mois. Je ne vois vraiment pas où ça cloche. Des idées ?

Et si vous laissiez une petite place à la tendresse, par exemple ? À force de focaliser sur le sexe, certaines femmes en oublient l'intimité. C'est pourtant là quelque chose qui signifie beaucoup pour un homme : l'intimité ne provient pas tant de l'étincelle qui jaillit de la rencontre des lèvres, que du feu d'artifice des paroles qu'échangent ses lèvres. « Les hommes ne pensent pas qu'au sexe, affirme Matthew, 31 ans. Je peux coucher avec n'importe qui, mais comme beaucoup d'hommes, je ne me sens vraiment à l'aise qu'avec une femme responsable et mûre, qui a de l'esprit, le sens de l'humour et des talents – ce qui correspond peu ou prou à ce qu'une femme recherche chez un homme. » J'ignore ce qui s'est passé avec vos précédents copains, mais ce que je sais, c'est qu'une bonne entente sexuelle ne peut que doper une bonne relation ; en revanche, elle ne peut que faire durer un peu trop une mauvaise relation.

POURQUOI L'HORIZON SE BOUCHE-T-IL APRÈS LE PASSAGE À L'HORIZONTALE ?

Le dernier garçon avec qui je suis sortie avait tout juste : il m'a invitée, m'a complimentée en évitant le boniment du revendeur de voitures d'occasion, a appelé quand il a dit qu'il appellerait et nous avons discuté des heures de tout et n'importe quoi. Mais dès que nous avons couché ensemble, ça a été la dégringolade. Quand je l'ai revu, il m'a dit qu'il ne se « sentait pas à l'aise ». Je sais qu'ils ne sont pas tous comme ça, mais j'ai la désagréable impression que beaucoup ne cherchent qu'une partie de jambes en l'air. Comment distinguer celui qui flashe vraiment sur moi du serial lover ?

Effectivement, le collectionneur masqué n'est pas un mythe. De jour, il se présente sous les traits de l'irrésistible prince charmant, à la nuit venue il se glisse dans son costume de chasseur aux aguets, et au petit matin, son forfait accompli, il se rhabille vite fait et disparaît tout aussitôt.

La bonne nouvelle, c'est qu'il est l'exception qui confirme la règle mais nous fait si mauvaise réputation. Nous sommes généralement plus tentés par une relation qui marche que par les aventures d'un soir. « J'ai 33 ans et j'ai connu beaucoup de femmes, explique Dwayne. Dans mes périodes de célibat, j'invite des filles à sortir au moins une ou deux fois par semaine, et dans la plupart des cas, sinon avec des arrière-pensées, du moins dans l'espoir de partager autre chose que quelques verres de vin et des lasagnes. » Il peut être d'autant plus difficile de percer les intentions d'un amoureux potentiel que lui-même n'a pas forcément préparé son plan d'action. Mais pour mieux le cerner, essayez d'en savoir un peu plus sur son passé amoureux. S'il sort d'une longue relation (ou s'il a plus de deux boutons de chemise défaits), c'est sans doute signe qu'il a plus envie de papillonner que de replonger dans une histoire sérieuse.

LE PIED DE LEUR VIE...

• « *C'était à l'hôtel. Nous faisions l'amour, puis on s'endormait. Dès que l'un se réveillait, il ravivait le désir de l'autre, et on recommençait. Un vrai marathon ! En huit heures, nous avons fait huit fois l'amour – et la dernière fois a duré 50 minutes !* » (Shane, 21 ans)

• « *J'avais retrouvé ma petite amie après une rupture de huit mois. J'ai eu l'impression de découvrir une autre femme, à ceci près que je savais exactement ce qu'elle aimait.* » (Lyle, 29 ans)

• « *Nous étions de sortie, tous les deux sur notre trente et un, et elle a passé la soirée à m'allumer. Quand nous sommes enfin rentrés à la maison, nous avons retrouvé la fougue de nos 16 ans !* » (Danny, 28 ans)

• « *Elle m'a arraché mes vêtements tellement elle avait envie de moi. Nous avons fait l'amour doucement pendant vingt minutes et nous nous sommes endormis dans les bras l'un de l'autre.* » (Ken, 24 ans)

• « *Elle est arrivée chez moi moulée dans une jupe noire, des bas noirs et un corsage blanc. Elle m'a jeté un regard espiègle et m'a annoncé qu'elle n'avait pas de culotte. Nous avons fait l'amour sur-le-champ, par terre.* » (Tony, 26 ans)

• « *Nous avons joui tous les deux en même temps.* » (Michael, 25 ans)

• « *En faisant l'amour, je lui susurre mes fantasmes à l'oreille, elle me susurre les siens... et on décolle !* » (Tyler, 23 ans)

• « *C'était dans une voiture, au dernier étage du parking d'un grand magasin pendant un orage.* » (Wayne, 28 ans)

• « *Je ne m'y attendais absolument pas. J'avais à peine franchi le seuil de la maison qu'elle m'a bondi dessus. Elle m'a déshabillé dans la cuisine.* » (Ivan, 34 ans)

• « *Nous avions enfilé nos costumes d'Halloween. Elle était la sorcière et moi son balai.* » (Brendan, 33 ans)

PETIT PRÉCIS DE LOGIQUE MASCULINE

Trois choses que vous savez de nous :

- Une bonne entente sexuelle ne pèse pas bien lourd si le reste de la relation est médiocre.
- Nous sommes aussi sensibles à la façon dont vous nous traitez au lit que dans le civil.
- Le sexe n'est en aucun cas la ceinture de sécurité d'une relation. Vous pourrez nous tenir un temps par vos charmes, mais si nous n'avons rien d'autre à partager, nous finirons par détacher la ceinture, quitte à sauter de la voiture en marche.

Un peu de tact…

Ne dites pas : Ça fait des semaines qu'on n'a pas fait l'amour.

Dites : Si tu savais ce que j'ai envie de toi !

Parce que : Ce n'est pas en le culpabilisant que vous le harponnerez.

> *Ne dites pas :* On ne fait plus jamais rien de romantique.
>
> *Dites :* Tu te rappelles ce petit bistrot sombre où on se faisait des papouilles ? J'ai réservé pour ce soir.
>
> *Parce que :* Proposez-lui du concret, il sautera sur l'occasion.

Ne dites pas : Ça t'exciterait si je mettais des dessous affriolants ?

Dites : Tu as le droit de défaire mon bustier, mais seulement avec les dents.

Parce que : Il n'osera jamais vous avouer qu'il en rêve – jusqu'à ce qu'il vous voie dedans.

> **Drôles de zigs !**
>
> 34 % des hommes doivent leur plus bel orgasme au spectacle du corps nu de leur partenaire.
>
> 32 % des hommes sont restés en couple exclusivement pour le sexe.

DÉCRYPTAGES

Il me fait des câlins après l'amour.

C'était formidable, merci.

Il roule sur le côté et s'endort après l'amour.
C'était formidable, merci.

Il dit « je t'aime » pour la première fois (pendant l'amour).
C'était formidable, merci.

Question de femme

Je rêverais de faire l'amour suspendue au plafond par les chevilles. Pourquoi n'a-t-il pas envie d'essayer des positions excentriques ?

Ses expériences passées l'ont peut-être habitué au rôle du missionnaire. S'il a été privé pendant longtemps de jeux érotiques et de diversité, il a sans doute oublié les délicieuses sensations des positions acrobatiques – à moins qu'il n'ose pas vous les demander. Aidez-le à retrouver son imagination en la titillant.

Mots coquins, mots câlins

La chose la plus sexy qu'une femme ait dite à James, 24 ans :

« Tu es craquant à croquer, mais si tu n'es pas tout nu dans dix secondes, je me rhabille. »

La chose la plus sexy que Maria, 32 ans, ait dite à un homme :

« Viens ici ! »

Chapitre 4

Pourquoi est-il si difficile de lui parler ?

Dès qu'il entend « il faut qu'on parle », il rentre dans sa coquille. Avec un peu de doigté, vous aurez raison de son mutisme.

Messieurs, êtes-vous heureux avec votre compagne actuelle ?	
Très heureux	37 %
Heureux	38 %
Assez heureux	18 %
Moyennement heureux	5 %
Pas heureux du tout	2 %

D'abord, un grand coup de chapeau à vous, mesdames : près de quatre hommes sur dix trouvent leur vie de couple actuelle excellente. Et 98 % donnent à leur vie amoureuse une note au-dessus de la moyenne. L'explication : vous êtes étonnantes.

Or, paradoxalement, alors que les hommes sont dans l'ensemble plutôt satisfaits de leur vie amoureuse, celles qui précisément les rendent si heureux se torturent les méninges à se demander s'ils envisagent de rester ou s'ils attendent le prochain bus pour s'enfuir.

Ces inquiétudes les tenaillent tant qu'un beau jour, n'y tenant plus, elles finissent par poser la question qui tue : « Qu'est-ce que tu éprouves pour moi ? » Or s'il est une chose qui peut faire tomber un homme heureux de son petit nuage, c'est bien de lui demander de parler de ses sentiments. Le soufflé était magnifique et bien gonflé, et pouf !... il retombe misérablement.

Dans l'absolu, il n'est pas interdit de demander à un homme d'exprimer ce qu'il ressent pour vous, mais encore faut-il y mettre les formes. Préparez habilement le terrain pour qu'il soit en confiance, et au lieu de le pousser dans ses retranchements en le soumettant à la question, provoquez les confidences.

- « *Nous aimerions aussi extérioriser nos sentiments, mais si on ne nous aide pas, nous en sommes incapables.* » (Grant, 35 ans)

- « *Nous n'avons aucune envie de déballer nos sentiments à tout bout de champ, mais cela ne veut pas dire que nous ne sommes pas pleinement investis dans une relation.* » (Stan, 31 ans)

- « *Tout petits, on nous apprend à retenir nos larmes, à intérioriser nos chagrins et à cacher nos faiblesses, pour nous donner des allures de durs et faire croire que nous pouvons prendre des décisions rapides et fermes.* » (Billy, 27 ans)

- « *Vous voulez nous faire parler ? Alors ne nous demandez surtout pas ce que nous éprouvons.* » (Colin, 24 ans)

- « *Les femmes ne se doutent pas que la plupart des hommes sont en grosse demande affective. Mais nous avons du mal à communiquer et nous gardons tout pour nous. Personnellement, il m'est plus facile d'écrire ce que je ressens que de le dire.* » (Garry, 29 ans)

Pour beaucoup de garçons, parler sentiments avec une femme est à peu près aussi difficile que parler anglais avec un Texan. Nous aurons beau potasser et réviser nos verbes, nous ne maîtriserons jamais parfaitement la langue. C'est donc à vous, l'habile polyglotte, de nous simplifier un peu la tâche.

Le plus sûr moyen de nous braquer est de nous questionner ouvertement sur nos sentiments. L'idée de décortiquer par le menu ce que nous éprouvons, pensons, ressentons, nous fait à peu près le même effet qu'une strip-teaseuse qui se couperait les ongles des orteils pendant le spectacle : la débandade assurée !

Étant par nature moins introspectifs que vous, il nous est plus difficile d'accéder à nos sentiments. Ce handicap nous joue des tours car dès que le sujet revient sur le tapis, vous nous soupçonnez systématiquement d'indifférence, de duperie, de lâcheté, que sais-je encore ?

Votre première erreur est de penser que nous savons ce que nous éprouvons. Faux. La deuxième est de partir du principe que nous parlons le même langage que vous. Archifaux. Mais nous sommes prêts à apprendre votre langue si vous parlez un peu la nôtre.

« Un jour, raconte Thomas, 35 ans, ma femme s'est mise dans tous ses états pour un truc idiot : j'avais prévu de déjeuner avec des collègues et je lui ai annoncé que je ne la retrouverais pas à midi. Ce soir-là en rentrant, j'ai voulu la rassurer et lui expliquer qu'elle n'avait aucune raison de se mettre en colère pour si peu. Et là, j'ai eu droit à une volée de bois vert ! Le problème n'était pas le déjeuner, mais mon comportement, m'a-t-elle répliqué. Elle trouvait que j'étais très distant depuis quelque temps. Et au lieu de hurler ou de me harceler de questions sur mes sentiments à son égard, elle m'a claqué la porte au nez. J'étais estomaqué. Je ne pouvais pas la laisser dire une chose pareille sans me défendre, mais j'ai préféré laisser passer l'orage. Et de fait, un peu plus tard, son calme m'a encouragé à parler. Je lui ai expliqué que mon travail me stressait, que j'étais bien conscient de ne pas être un mari formidable – des choses que je ne lui avais jamais dites, alors que nous sommes mariés depuis six ans. »

Morale de l'histoire : si vous voulez savoir ce que nous ressentons, ne nous le demandez pas ! Observez plutôt notre comportement, nos centres d'intérêt, nos sautes d'humeur. Et ne craignez pas d'exprimer franchement vos frustrations pour nous encourager à vous confier les nôtres.

Comment savoir si c'est sérieux ?

Quelque chose ne va plus entre nous, mais je ne sais pas quoi. Nous sortons ensemble depuis plusieurs mois. Au début, tout se passait très bien, mais depuis un certain temps, nous avons sombré dans la routine classique : nous nous voyons plusieurs fois pendant la semaine, il loue une vidéo le vendredi et nous faisons l'amour deux fois par semaine (dont une après le film). Il est très gentil et attentionné, mais nous n'avons plus le feu sacré. Il m'assure que tout va bien, qu'il m'aime beaucoup et que j'ai tort de me faire du souci. Mais il y a un tel décalage entre ce qu'il dit et notre quotidien que je suis bien obligée de m'interroger. Une idée de ce qu'il pense ?

Oui : il pense exactement ce qu'il dit, c'est-à-dire que tout va bien. « Les femmes ont tendance à croire que si on ne parle pas de nos rapports de couple, il y a un problème. Pour les hommes, c'est tout le contraire », explique Conner, 32 ans. La vraie question n'est donc pas de savoir (ou deviner) ce qu'il pense, mais plutôt ce que vous pensez. Si la situation vous satisfait, détendez-vous et profitez-en. Et si vous en voulez plus, dites-le clairement. « Si un homme aime une femme, il le prouvera par des actes quotidiens, pas par de belles paroles », assure Jimmy, 27 ans. Soit il se mettra en quatre pour vous reconquérir, soit il a déjà épuisé toutes ses ressources – auquel cas vous pouvez songer à chercher mieux ailleurs.

POURQUOI ESQUIVENT-ILS LES QUESTIONS AFFECTIVES ?

L'une de mes amies vient de se séparer de son mari, et le divorce se passe très mal. Ils se déchirent sur des questions de pension alimentaire, de droits de garde de l'enfant, de droits de visite... Son histoire m'a bouleversée, et quand j'ai demandé à mon mari ce que cela lui inspirait, c'est à peine s'il a bronché. Il est resté calé dans son fauteuil et a haussé les épaules en marmonnant : « Ridicule ! » J'aurais espéré qu'il affiche un peu plus d'intérêt et de compassion face à une situation aussi grave. N'a-t-il donc pas de cœur ?

Rassurez-vous, il a du cœur. La preuve : il a réagi. À sa façon, certes, mais il vous a dit exactement ce qu'il en pensait : la situation est ridicule.

Or sa réponse ne vous plaît pas, car ce n'est pas celle que vous attendiez. En lui demandant son opinion, vous espériez qu'il serait en phase avec votre inquiétude, mais le signal que vous lui avez transmis était plus brouillé que celui d'une radio pirate. Dans ce cas précis, le malentendu provient de votre formulation. Si vous souhaitez savoir comment lui aurait géré le problème de la garde, demandez-le-lui clairement. Pour savoir ce que lui inspirent ces ruptures douloureuses, posez-lui directement la question. Si vous lui parlez des voisins, il ne comprendra pas forcément que vous voulez parler de votre propre couple. « Nous sommes des gars simples : vos allusions subtiles et vos suppositions tarabiscotées nous échappent totalement, rappelle D.J., 26 ans. Parlez-nous avec des mots qui expriment vraiment ce que vous avez à dire et ne nous obligez pas à interpréter ou deviner vos sentiments derrière la phrase la plus anodine. »

Si c'était aussi simple ! Mais voilà, les hommes sont pragmatiques et associent un problème X à une solution Y, alors que les femmes ont une conception plus poétique de la communication. D'où les allusions, métaphores, hypothèses et autres artifices qui rendent le dialogue aussi difficile. Un homme peut parier sur les chevaux ou le cours de la Bourse, pas sur les choses aussi sérieuses que l'infidélité, une rupture ou la garniture d'une pizza. Dans ces domaines, seules des questions claires vous apporteront la réponse que vous attendez : restons ensemble, je te serai éternellement fidèle et sans anchois, merci.

Pourquoi n'arrive-t-il pas à planifier notre avenir ?

Mon mari et moi avons deux enfants, un garçon et une fille, de trois et six ans. J'en ai assez de prendre la pilule et j'ai donc essayé de lui proposer d'autres options. Je lui ai clairement demandé s'il voulait d'autres enfants (moi, ça m'est égal), ajoutant que dans le cas contraire, nous pourrions envisager une vasectomie. Mais il est incapable de décider s'il veut d'autres enfants ou pas, et il n'a pas l'air très chaud pour l'opération. Ne pourrait-il pas au moins me dire ce qu'il veut pour que nous cherchions une solution ensemble ?

La réponse est en germe dans votre question : « moi, ça m'est égal », dites-vous. Visiblement, dans votre couple, vous n'avez rien contre l'improvisation. Dans nos enquêtes et sondages, nous avons abordé cette question de la vasectomie. John, 41 ans, l'a envisagée, mais sa femme et lui ont du mal à franchir le pas car ils ne savent pas exactement qui veut quoi. « Ni elle ni moi ne pouvons dire avec certitude que nous n'aurons plus jamais d'enfants. Dans son esprit, si je ne cours pas chez mon urologue, c'est pour me réserver une voie de sortie au cas où je la plaquerais pour aller fonder une autre famille avec une belle ingénue de 22 ans. Or ma réticence vient surtout du fait que ni elle ni moi n'avons tiré un trait sur l'idée d'agrandir la famille, et si un jour elle veut un autre enfant, je suis partant. »

Il est difficile pour un homme d'admettre qu'il n'a pas réponse à tout et, sur des questions de couple aussi décisives et délicates, est-ce vraiment à lui de trancher dans le vif ? Il a certes les épaules larges et il porte déjà beaucoup de responsabilités. Comprenez qu'il n'ait pas forcément envie de décider seul de l'avenir de la famille. Laissez-lui le temps de réfléchir à tête reposée, de peser le pour et le contre. Quand il sera prêt, il vous annoncera sa décision.

Je sais, vivre avec nous n'est pas facile tous les jours... N'essayez pas pour autant de vivre sans nous.

PETIT PRÉCIS DE LOGIQUE MASCULINE

Trois choses que vous savez de nous :

• Si vous voulez nous faire fuir, parlez-nous de sentiments. Si vous voulez nous garder, rayez ce mot de votre vocabulaire. Pour savoir où nous en sommes, demandez-nous notre avis sur des points précis.

• Pour nous, tout va bien tant que vous ne nous demandez pas de disséquer nos sentiments. Les problèmes commencent dès vous mettez le sujet sur le tapis.

• Ce n'est pas en nous poussant dans nos retranchements que vous nous tirerez les vers du nez. Laissez-nous respirer et nous vous ouvrirons (peut-être) notre cœur.

Un peu de tact...

Ne dites pas : Ça te fait quoi ?
Dites : Qu'est-ce que tu en penses ?
Parce que : Il sait raisonner mais parler de son ressenti le met mal à l'aise.

> *Ne dites pas :* Tu ne me comprends pas.
> *Dites :* Je vais essayer de reformuler pour que tu comprennes mieux.
> *Parce que :* S'il ne comprend pas, ça ne vient pas forcément de lui.

Ne dites pas : J'ai des choses à te dire.
Dites : Si on allait faire une petite promenade ?
Parce que : Une activité physique le détendra un peu et améliorera sa capacité d'écoute.

> *Dites ce que vous voulez :* Une fois.
> *Pas :* Dix fois.

Parce que : Plus vous lui rabâcherez la même chose, plus votre message se videra de son sens.

> **Drôles de zigs !**
> 27 % des hommes s'entendent reprocher par leur compagne de ne pas partager leurs sentiments ou de refuser d'en parler.
> 65 % des hommes aimeraient que leur compagne arrête de les interroger sur leur vie intérieure – et antérieure.

DÉCRYPTAGES

Il dit « je t'aime » pour la première fois (ailleurs qu'au lit).

Il vous aime. Et il le savait bien avant de le dire.

Il grommelle « très bien » quand je lui demande comment s'est passée sa journée.

Rien à signaler. Dans le cas contraire, il vous en parlera... dans quelques heures.

Il avoue cinq maîtresses avant moi.

Comptez une bonne douzaine.

QUESTION DE FEMME

Tous les ans, j'ai droit à ma carte d'anniversaire avec l'éternel : « *Je t'aime, J.* » Pourquoi ne fait-il aucun effort pour personnaliser un peu la formule ?

Cinq minutes (le trajet entre le supermarché du coin et la maison), c'est un peu court pour composer un poème. Et il préfère vous dire tout le bien qu'il pense de vous en vous offrant un bon dîner aux chandelles et un spectacle.

MOTS COQUINS, MOTS CÂLINS

La chose la plus sexy qu'une femme ait dite à Dale, 32 ans :

« Qu'est-ce que tu prends au petit déjeuner ? »

La chose la plus sexy que Tricia, 28 ans, ait dite à un homme :

« J'en aurais de la chance si tu venais partager mon lit ! »

CHAPITRE 5

Qu'est-ce qui manque le plus à son bonheur ?

Un petit coup de brosse à reluire de temps en temps. Sous sa belle cuirasse, il cache un petit ego meurtri, et seule la femme qu'il aime vraiment peut lui rendre son assurance.

Messieurs, votre compagne vous fait-elle des compliments sur votre physique ?	
Toujours	4 %
Souvent	20 %
Parfois	38 %
Rarement	24 %
Jamais	14 %

Laissez-moi deviner : ce qui vous exaspère le plus chez votre compagnon, c'est son côté terriblement prévisible. Vous savez déjà que pour votre anniversaire vous aurez droit à la carte d'une banalité consternante agrafée aux éternelles 24 roses rouges ; qu'il réservera une table au restaurant pour fêter vos dix ans de mariage ; et que pour Noël, il ira encore chercher en catastrophe un joli caraco froufroutant taille 38 – sa façon à lui de vous flatter, car il n'ignore pas que vous faites du 42. Il a tout bon sur les figures obligatoires, mais un zéro pointé au chapitre de l'improvisation. Le dernier bouquet qu'il vous a envoyé sur un coup de cœur remonte à l'époque où Vanessa Paradis était encore à *L'École des fans*.

Nous sommes bien conscients de ne pas vous prodiguer autant de câlins, compliments et petits plaisirs gratuits que vous le voudriez aux moments les plus inattendus, et l'idée de vous cueillir des fleurs sauvages sur le bord de l'autoroute avant de rentrer ne nous effleure même plus. Nous savons pourtant combien ces petits gestes gratuits comptent pour vous, car ils vous disent que nous vous aimons toujours, que vous faites notre bonheur et que nous décrocherions la lune pour vous plaire. Mais nous savons aussi que, dans la pratique, il nous reste beaucoup de chemin à faire. Aidez-nous en nous glissant une allusion bien sentie de temps en temps : nous en serons aussi ravis que vous.

Seule ombre au tableau : nous n'oserons jamais vous en demander autant car, l'allusion n'étant pas notre fort, nous redoutons de froisser votre susceptibilité. Pourtant, nous aussi nous avons besoin de nous entendre dire une fois de temps en temps que notre nouveau pantalon nous va à ravir, que nos joues bien rasées sont les plus douces du monde et que vous n'avez jamais vu une étagère aussi bien fixée. Tout cela peut vous paraître bien futile, et pourtant... Nous ne vous l'avouerons pas même sous la torture, mais au fond de nous-mêmes, nous manquons terriblement d'assurance.

« Nous sommes bien moins sûrs de nous que vous le pensez, et nous avons autant besoin que vous, sinon plus, d'être rassurés au quotidien », souligne Scott, 30 ans.

Ce raccourci saisissant pour vous dire, mesdames, que vous êtes bien avares d'attentions gentilles à notre égard : nous sommes moins de 25 % à recevoir régulièrement vos éloges, qui nous sont pourtant bien plus indispensables que le match de foot du dimanche. Non que nous soyons très exigeants, mais nous attendrions tout de même un minimum de réciprocité. **Ce qui nous ferait plaisir ?**

- **Des compliments.** « Si tu attends que je te dise que ta robe du soir te va merveilleusement, dis-en autant de moi dans mon costume. Moi aussi je me suis fait tout beau et j'ai envie d'entendre que ça te plaît. » (Corey, 28 ans)

- **De l'attention.** « Une femme a mille et une façons de nous témoigner son affection : en nous dorlotant, en nous servant le petit déjeuner au lit, en nous frottant le dos dans le bain, en faisant discrètement notre éloge en société, et en racontant à ses copines tout le bien qu'elle pense de nous. » (William, 35 ans)

- **De la séduction.** « Pour notre première Saint-Valentin, ma femme m'a appelé à la salle de bains, où elle m'attendait dans son bain moussant, entourée d'un festival de bougies et de bonbons. Inoubliable ! » (Andrew, 32 ans)

- **La reconnaissance de notre virilité.** « Ne craignez pas de nous rappeler sans cesse combien nous sommes beaux, forts, intelligents, puissants, sensibles, et surtout désirables. Sans quoi, nous finirons par nous poser des questions, au point de devenir paranoïaques. » (Chris, 30 ans)

• **De l'approbation.** « Manifestez-nous votre satisfaction quand nous répondons à vos attentes, même pour des gestes quotidiens aussi bêtes que la vaisselle ou sortir les poubelles. Un sourire, un baiser tout doux sur la joue ou dans le cou et un merci nous encourageront dans le bon sens, et nous nous acquitterons de toutes les corvées en sifflotant. » (Gary, 34 ans)

Vous êtes bien placée pour savoir combien un petit geste inattendu et gratuit réchauffe le cœur. Souvenez-vous que sous notre carapace, nous sommes restés de petits garçons sensibles. La moindre de vos attentions nous touche profondément... et vous sera rendue au centuple.

Alors, dès aujourd'hui, faisons un pacte : flattez notre orgueil, nous serons à vos pieds.

POURQUOI DOIS-JE SANS CESSE REVENIR À LA CHARGE POUR QU'IL PARTICIPE AUX TÂCHES MÉNAGÈRES ?

Mon mari et moi travaillons tous les deux. L'autre jour, il est rentré un peu plus tôt que moi. La maison était un vrai chantier et il n'avait pas levé le petit doigt. Furieuse, je lui ai rappelé qu'il devrait y mettre un peu plus de bonne volonté. Mais il m'a renvoyée dans les cordes en m'accusant de le houspiller en permanence au lieu d'apprécier tout ce qu'il fait ! Que veut-il ? Que je le remercie de gérer notre compte épargne et de remplir notre déclaration d'impôts ? Moi je n'entends jamais une parole de gratitude quand je prépare à dîner ou règle une facture.

Les hommes se sentent parfois aussi reconnus pour leurs B.A. que le décolleur de chewing-gums sous les tables de cafétéria. Marc, 35 ans, travaille 50 à 60 heures par semaine, tandis que sa femme élève leurs trois enfants de moins de 6 ans. « Je sais que ses journées sont plus dures que les miennes, mais dès que je rentre à la maison, je prends le relais et je l'aide de mon mieux. Elle trouve cela tout naturel et moi aussi, mais elle ne me remercie jamais de lui donner quelques heures de répit, alors que moi, je passe sans transition du stress du bureau au stress des enfants. » Nous n'attendons pas une ovation debout – ni même une ovation tout court – chaque fois que nous changeons une couche. Nous voulons simplement la même chose que vous : un petit merci ou un petit bravo de temps à autre, en reconnaissance de nos bons et loyaux services à la famille et à la maison.

QUEL EST LE CADEAU IDÉAL POUR UN HOMME ?

Je sèche. De quoi peut bien avoir envie un homme pour son anniversaire ? Je sors avec mon ami depuis quatre mois et je voudrais être sûre de tomber juste, sans trop en rajouter ni basculer dans le gnangnan. Qu'est-ce qui lui ferait vraiment plaisir ?

Difficile à dire dans l'absolu, mais en règle générale l'alliance du sentimental et du pratique fait mouche. Évitez la gourmette ou la médaille gravée à vos noms (qu'il s'empressera de planquer devant ses copains et surtout ses copines), et le tee-shirt rigolo (qui n'ira qu'avec ses charentaises). Entre ces deux extrêmes, il reste tout de même une belle gamme de choix, surtout si vous y mettez un peu d'imagination. « Je fais du triathlon le week-end, et pour mon anniversaire, ma petite amie m'a fait encadrer un ancien dossard et des photos de mes courses, raconte Ryan, 32 ans. J'étais aux anges : je n'y aurais jamais pensé moi-même mais depuis, il est accroché en bonne place dans mon bureau et il me ravit tous les jours. » Si vous êtes vraiment à court d'idées, une nuit d'amour et de passion sera toujours appréciée – à condition que vous en ayez vraiment envie. « Le jour où ma copine s'est sentie obligée de faire l'amour parce que c'était mon anniversaire a été la pire expérience de ma vie, soupire Mitch, 25 ans. Le sexe devrait toujours être une fête pour les deux partenaires, et non un enchaînement de gymnastique avec figures imposées sous prétexte que c'est un jour exceptionnel ! »

QU'ESSAIE-T-IL DE PROUVER EN ME RACONTANT SON MATCH PAR LE MENU ?

Mon copain joue au basket dans une petite équipe de quartier. Je suis généralement trop occupée ou trop fatiguée pour assister à ses matchs. Mais dès qu'il rentre à la maison – après quelques bières, comme il se doit –, il entreprend de me décrire minute par minute le déroulé du match : combien de paniers il a mis, quand, comment, pourquoi, avec description et mime de la position et du style, et j'en passe... Le ralenti du film ne serait pas pire ! Il est intarissable sur le sujet, alors que je n'arrive jamais à lui faire décrocher trois mots sur notre relation !

De prime abord, vous pourriez penser qu'il cherche des compliments sur ses exploits athlétiques. Vous n'y êtes pas du tout. Il rêve de vous faire partager sa passion. S'il vous parle de ses prouesses, c'est pour vous donner envie de venir le voir en pleine action. Sa logorrhée dissimule en réalité une supplique : s'il te plaît, ma chérie, viens me regarder jouer une ou deux fois !

Petit précis de logique masculine

Trois choses que vous savez de nous :

- Des petits compliments discrets sur notre physique nous désarment – et nous ravissent.
- Entre les exigences du patron, des collègues, des amis, des voisins et les vôtres, nous avons l'impression d'être en permanence sur la brèche. Mais le moindre témoignage de reconnaissance de votre part nous galvanise et nous aide à supporter le stress.
- Si vous manquez d'imagination, offrez-lui votre corps. Il appréciera toujours. Surtout si vous soignez l'emballage.

Un peu de tact...

Ne dites pas : Salut, ça va ?

Dites : Salut, beau gosse.

Parce que : C'est la petite étincelle qui lui réchauffera le cœur.

Ne dites pas : T'aim'.

Dites : Mmmmh ! Si tu savais comme je t'aime !

Parce que : Il a besoin de savoir que votre passion est intacte.

Ne dites pas : Ça, ça va dans la cuisine, à côté de la fenêtre.

Dites : C'est à toi ces beaux biscoteaux ?

Parce que : Ce n'est pas le déménageur, c'est votre héros en pleine action.

DÉCRYPTAGES

Il refuse de parler de nous.

Pour lui, parler des relations de couple est aussi risqué que révéler le secret d'une recette : une fois qu'on sait comment c'est fait, il n'y a plus de mystère et plus de plaisir. Si tout ce passe bien, profitez-en. Si ça coince quelque part, alors parlez du problème spécifique, pas de « nous ».

On se connaît depuis un mois, et il n'a pas essayé une seule fois de coucher avec moi.

Il est temps de réfléchir à votre liste de mariage. Il a compris que c'était vous et personne d'autre.

Il veut me présenter à sa famille.

Il espère que vous serez aussi pétillante qu'à votre premier rendez-vous, et que vous les éblouirez tous par votre esprit, votre élégance et votre charme irrésistible. Quant à la belle-famille, elle vous attend au coin du bois.

Question de femme

Je suis sortie avec trois garçons qui m'ont tous fait le coup du : « Si je voulais, je pourrais gagner des millions. Mais pour l'instant, ce n'est pas l'argent qui m'intéresse. » Pourquoi ce côté fanfaron ? C'est une façade ?

C'est tout le contraire d'une fanfaronnade. C'est de l'insécurité. Il essaie de vous dire qu'il est bien conscient que son salaire ne convaincra pas vos parents et qu'il n'a aucune intention de macérer à ce poste deux ans de plus. Il cherche à vous inspirer confiance – et du même coup, à se donner un peu d'assurance.

> **Drôles de zigs !**
> 70 % des hommes soulignent qu'entendre régulièrement des compliments leur fait beaucoup de bien.
> 34 % des hommes auraient envie de changer pour satisfaire les attentes de leur compagne.

Mots coquins, mots câlins

La chose la plus sexy qu'une femme ait dite à Sam, 34 ans :

« Ne va pas me prendre pour celle que je ne suis pas, mais j'adore faire crac-crac ! »

La chose la plus sexy que Maya, 24 ans, ait dite à un homme :

« Si tu étais à côté de moi, je te lécherais tout partout. » (par SMS)

CHAPITRE 6

A-t-il vraiment oublié son ex ?

Les chagrins d'amour se conjuguent différemment au masculin et au féminin. Vous seule pouvez l'aider à s'en remettre.

Messieurs, pensez-vous souvent à la femme qui vous a quitté ?	
Tout le temps	8 %
Très souvent	15 %
Parfois	50 %
Rarement	25 %
Jamais	2 %

Souvenez-vous de votre dernière rupture. Vous avez versé quelques torrents de larmes, vous êtes épanchée sur quelques épaules compatissantes, et vous avez réécouté « votre » chanson en boucle en déchirant rageusement les photos de votre ex.

Et lui, que faisait-il pendant ce temps ? Il a rejoint ses copains au bar du coin, a descendu une douzaine de vodkas, juré ses grands dieux qu'il avait tourné la page, et s'est consolé le soir même en draguant la première venue.

Ce comportement illustre l'une des grandes différences entre hommes et femmes et explique aussi pourquoi, quatre mois plus tard, vous êtes passée à autre chose, tandis que lui continue de vous appeler et de noyer son chagrin dans l'alcool. (« Mais chi je t'aime, tu me manques ! Hips ! »)

Pour épater la galerie, nous jouons les blasés, mais au fond, le coup est rude et nous ne faisons que balayer nos chagrins sous le tapis sans rien régler du tout – jusqu'au jour où nous y serons bien obligés.

Jonathan, 27 ans, vient de reprendre des études et, dès le premier semestre, il a rencontré sur les bancs de l'amphi une créature de rêve qu'il continue de surnommer MP (pour Mademoiselle Parfaite). « Pendant quatre mois, nous ne nous sommes pratiquement pas quittés d'une semelle. Puis un beau jour, elle m'a annoncé que j'étais plus un ami qu'autre chose pour elle. Je suis tombé de très haut ! »

Devant elle, il a avalé la pilule et s'est donné une contenance en assurant qu'il comprenait très bien. Mais ses copains l'ont ramassé à la petite cuillère. Il ne parlait plus que de MP, s'inventait tous les torts, se demandait s'il aurait dû batailler davantage pour la garder, et a tout fait pour la reconquérir. Trois mois après leur rupture, il lui a offert une rose rouge pour son anniversaire, espérant qu'elle comprendrait... mais non. Il a fini par rencontrer d'autres filles, mais aucune ne parvenait à lui faire oublier MP.

Nous sommes tous pareils. Pourquoi ? Parce que quand la perle rare nous a plaqués, le plus douloureux est de ne pas comprendre pourquoi : nous repensons avec amertume au temps, à la patience, à la persévérance qu'il nous a fallu pour trouver l'appât, jeter la ligne et attendre que la femme idéale daigne mordre à l'hameçon. Et quand enfin nous retrouvons la force de jeter une autre ligne, nous ne pouvons nous empêcher de nous demander si le jeu en vaut la chandelle et si nous n'avons pas déjà laissé filer la femme de notre vie.

Est-ce à dire que les hommes font une fixation sur celle qui les a quittés ? Certains, oui. (La question qui revient le plus souvent au courrier des lecteurs de *Men's Health* est : Comment la récupérer ?) Ces chagrins qui durent ne sont pas des blessures d'amour-propre mais de vraies blessures d'amour : un homme ne peut pas renier au bout de quelques jours le souvenir d'une femme qu'il a aimée. Jonathan a mis 18 mois et quelques aventures d'un soir avant de rencontrer celle qui lui a fait oublier MP. Le meilleur antidote à une merveilleuse histoire passée, c'est la merveilleuse histoire suivante.

POURQUOI REFUSE-T-IL DE PARLER DE SON EX ?

Mon petit ami ne me parle jamais de la femme avec qui il a vécu deux ans, ni d'ailleurs d'aucune de ses anciennes copines. Quand je lui demande pourquoi ils ont rompu, il répond par monosyllabes ou va chercher de grandes explications existentielles, du genre « nous avons évolué différemment ». Je ne comprends pas qu'il ne puisse pas en parler en adulte.

J'ai moi aussi connu une femme qui me tannait pour tout savoir de mon ex. Comme interrogatoire en règle, le KGB n'aurait pas mieux fait : comment nous étions-nous rencontrés ? Comment nous entendions-nous au lit ? Pourquoi nous étions-nous séparés ? À chaque sortie au restaurant, j'avais droit à l'incontournable : « Tu es déjà venu ici avec *elle* ? » Malgré son acharnement, je n'ai jamais parlé. Pourquoi ? D'abord parce que m'abaisser à raconter notre folle soirée au pied de la fontaine serait revenu à trahir un secret et, partant, à manquer de respect à une femme que j'ai aimée. Car oui, j'ai gardé d'elle d'excellents souvenirs, et si je veux me repasser le film, je préfère une projection privée. Un conseil : moins vous nous parlerez d'elle et plus vous mettrez de légèreté dans notre vie à deux, plus vite nous oublierons la fontaine.

COMMENT RÉAGIR LORSQU'IL SE TROMPE DE PRÉNOM ?

Un soir, nous étions en train de ranger la maison quand mon mari m'a appelée par le prénom de son ancienne copine – qu'il avait quittée depuis plus de trois ans ! J'étais ulcérée, et lui ne savait plus où se mettre. Je ne lui en veux pas trop car au moins, ce n'est pas arrivé sous la couette, mais ce lapsus m'intrigue tout de même : la regrette-t-il ? La voit-il encore ? Et pourquoi diable ce prénom lui revient-il sur le bout de la langue sans crier gare ?

Un collègue est arrivé un jour au bureau catastrophé : sa femme s'appelle Jill, et il l'avait appelée Julia. « Elle a exigé une explication et voilà qu'elle est maintenant persuadée que j'ai une aventure ou au moins des vues sur une Julia, et que j'ai quelque chose à me reprocher. » Le malheureux aurait été bien en peine de se justifier. Il ne savait pas d'où il sortait ce nom, n'avait jamais eu la moindre Julia dans sa vie et ne connaissait d'ailleurs aucune Julia. Ne dramatisons pas pour une langue qui fourche – que ce soit à table, au lit ou chez belle-maman ! Cela peut arriver à tout le monde et personne n'est maître de son inconscient : qu'il corresponde à quelqu'un ou pas, un prénom peut aussi bien venir d'une émission de télé que d'un infime détail d'une situation qui aurait soudain fait ressurgir l'image d'une ancienne maîtresse. Dites-vous bien que s'il avait réellement quelque chose à se reprocher ou si son ex lui manquait, c'est exactement le genre de gaffe qu'il ne commettrait pas !

Nous comparent-ils à leur ex ?

Mon compagnon a été marié pendant trois ans. Son ex-femme et lui n'ont pas d'enfants, mais ils se voient ou se téléphonent deux ou trois fois par semaine. Il n'y a pas une conversation où il ne parle pas d'elle et il va jusqu'à faire le parallèle entre nos petites querelles et leurs chamailleries passées ! Il le ferait exprès pour la mettre entre nous deux qu'il ne s'y prendrait pas autrement !

Gary, 37 ans, nous a exposé un problème un peu similaire : sa seconde femme ne supportait pas d'entendre le nom de son ex. « Dans son esprit, c'est un manque de respect inadmissible, et ça déclenche des disputes à n'en plus finir, même si c'est pour essayer de lui faire comprendre ce qui me déplaisait chez mon ex. » La manœuvre est d'autant plus maladroite que Gary sait que toute allusion à l'épouse n° 1 horripile l'épouse n° 2, mais elle part d'un bon sentiment : il voudrait simplement éviter à son couple actuel les écueils qui ont condamné son précédent couple. Les hommes ne se rendent pas compte qu'évoquer leur ancienne vie est à peu près aussi romantique qu'un glaçon dans le dos, mais c'est pour eux une façon de faire valoir leur expérience des femmes et des conflits, en aucun cas d'insinuer qu'ils ne sont pas heureux avec vous.

PETIT PRÉCIS DE LOGIQUE MASCULINE

Trois choses que vous savez de nous :

• Vous êtes sentimentales par intermittence. Nous sommes des sentimentaux chroniques – et nos crises sont longues et douloureuses.

• Si vous songez à renouer avec un ex, il y a de fortes chances pour qu'il n'attende que ça. Nous ne digérons pas les ruptures et nous sommes prêts à recoller les morceaux.

• Si vous attendez qu'il se remette de sa dernière histoire avant de sortir avec lui, vous risquez d'attendre longtemps. Pour nous, le meilleur remède, c'est de passer à autre chose. Si ce n'est pas avec vous, ce sera avec une autre.

Un peu de tact...

Ne dites pas : Je ne comprends pas que tu oses encore sortir avec cette horreur !

Dites : Tu me prêtes ton vieux tee-shirt pour dormir ? Il est tellement doux.

Parce que : Ce vieux tee-shirt usé jusqu'à la trame qu'il traîne depuis 20 ans, c'est un peu son doudou.

> *Ne dites pas :* Je ne comprends pas que tu parles encore d'elle !
>
> *Dites :* Elle a été bien bête de te laisser filer, celle-là !

Parce que : Elle ne constitue pas une menace, et en acceptant d'en parler vous vous montrez magnanime.

Ne dites pas : Allons passer nos vacances en Espagne. J'y suis allée avec mon ex et c'était génial. C'est un pays fait pour les amoureux !

Dites : J'aimerais te montrer tous les petits coins que j'ai découverts en Espagne.

Parce que : Vous avez envie d'aller en Espagne, oui ou non ?

> **Drôles de zigs !**
> 78 % des hommes se remettent très mal d'un chagrin d'amour.

DÉCRYPTAGES

Il dit qu'il veut laisser venir doucement les choses.

Ça se présente très bien. Ne lui gâchez pas le plaisir en le serinant sur l'avenir de votre relation.

Il lâche au détour d'une conversation qu'il a croisé son ex.

Vous n'avez aucun souci à vous faire sur leurs relations actuelles. Mais s'il a l'impression que vous avez oublié à quel point il est merveilleux, c'est peut-être aussi une façon de vous rappeler que d'autres savent toujours l'apprécier à sa juste valeur.

Il se montre très réservé lors de notre première rencontre.

Il espère piquer votre curiosité et décrocher un deuxième rendez-vous… pour vous en dire davantage.

Question de femme

On entend rarement les hommes vanter la réussite professionnelle ou les multiples talents de leur épouse. Auraient-ils peur de la mettre en valeur ?

Ils ménagent la susceptibilité de leurs copains qui n'ont peut-être pas une compagne aussi exceptionnelle que la leur. À moins qu'ils ne craignent de se la faire piquer. Ce n'est pas très gentil, ce n'est pas très malin, ce n'est pas juste, mais c'est comme ça.

Mots coquins, mots câlins

La chose la plus sexy qu'une femme ait dite à Mike, 26 ans :

« Personne ne connaît mieux que toi les petits coins cachés de ma peau. »

La chose la plus sexy que Michelle, 32 ans, ait dite à un homme :

« Couché ! »

Ce qu'ils ont à vous dire sur les hommes

- « *Les femmes ont généralement du mal à comprendre que nous avons besoin de sexe pour entretenir nos sentiments.* » (Randy, 33 ans)

- « *Nous voulons être votre amant mais aussi votre ami. La complicité est le premier ingrédient de notre désir. Confiez-nous vos rêves et vos fantasmes les plus fous, et nous réinventerons le* Kama-sutra *pour vous.* » (Sammy, 25 ans)

- « *Quand nous avons besoin d'un jean, nous allons acheter un jean, mais nous ne ressortons pas du magasin avec la veste, la chemise, la cravate et le portefeuille assortis. Les femmes pensent que nous fonctionnons comme elles, mais elles se trompent.* » (Lee, 28 ans)

- « *N'hésitez jamais à nous réveiller si vous avez envie de câlins. Nous sommes les scouts de l'amour : toujours prêts !* » (Ed, 40 ans)

- « *Pourquoi diable vous plaisez-vous tant à nous agacer les méninges avec vos questions alambiquées auxquelles – sauf à vouloir se faire étriper ou exiler sur le canapé –, aucun homme sain d'esprit ne répondra jamais sincèrement ? Par pitié, arrêtez de nous demander avec laquelle de vos copines on aimerait bien coucher !* » (Ross, 42 ans)

- « *Nous sommes totalement imperméables à vos allusions.* » (Charles, 27 ans)

- « *Nous avons une sensibilité à fleur de peau, mais nous ne savons pas exprimer nos émotions.* » (Juan, 30 ans)

- « *Chaque fois que Lois Lane comprend que Clark Kent est Superman, j'ai les larmes aux yeux.* » (Kevin, 32 ans)

- « *Pour gagner le cœur d'un homme, faites comme s'il avait toujours 12 ans.* » (Richard, 44 ans)

- « *Laissez-nous souffler de temps en temps.* » (Luke, 34 ans)

- « *Rien ne nous exaspère plus que de vous entendre demander à tout bout de champ : "À quoi tu penses ?" Il nous arrive de ne pas penser du tout.* » (Leon, 39 ans)

- « *Il fait sûrement de son mieux pour vous plaire. Encouragez-le.* » (Seth, 34 ans)

- « *En règle générale, nous sommes prêts à tout pour combler vos désirs.* » (Gary, 38 ans)

- « *Les trois quarts des séries télé et des pubs véhiculent une image très négative de l'homme : c'est toujours le paumé ou le pauvre type de service, ridiculisé par des femmes et des gamins bien plus futés que lui. Nous nous retrouvons bombardés de messages nous disant que nous n'avons même plus besoin d'essayer d'être malins ou attentionnés, puisque les femmes s'en chargent. Du coup, les femmes ne s'attendent même plus à avoir un vrai mâle à leurs côtés.* » (Carter, 45 ans)

- « *Au fond d'eux-mêmes, les hommes ont toujours peur d'avoir fait quelque chose de mal.* » (Nelson, 44 ans)

• « *On fait des trucs idiots pour le plaisir.* » (Larry 28 ans)

• « *Nous sommes un peu brut de décoffrage, mais nous voulons nous occuper au mieux de notre compagne. Parce que c'est le rôle de l'homme – chef de famille, protecteur, père.* » (Evan, 31 ans)

• « *On se gratte parce que ça gratte.* » (Jon, 25 ans)

• « *Ça les énerve de nous voir tripoter sans cesse la télécommande, mais c'est plus fort que nous. Ce n'est pas que ça nous amuse de passer la soirée à zapper, affalés sur le canapé. Nous n'avons tout simplement pas le choix : c'est dans les gènes. Il y a des milliers d'années, nos ancêtres étaient chasseurs-cueilleurs. La chasse, c'était l'affaire des hommes : pour nourrir leur famille, ils fonçaient tête baissée dans les bois pour traquer une bête sauvage, et ils ne voyaient rien des petits détails de la nature. Comme eux, nous sommes faits pour l'action, pas pour l'observation. Les femmes, elles, se chargeaient de la cueillette : elles inspectaient lentement les buissons pour choisir les baies mûres et comestibles, en comparant les couleurs, les formes, les odeurs, les tailles. Résultat : les hommes aiment la chasse, le sport, le zapping et les jeux vidéo. Et les femmes préfèrent... le shopping !* » (Hal, 44 ans)

• « *Nous ne sommes pas compliqués. Il y a trois choses qui comptent vraiment pour nous : la nourriture, le sexe et le sport (pas nécessairement dans cet ordre). N'essayez pas de décortiquer le moindre de nos faits, gestes et paroles : en général, on dit les choses comme on les pense, et ce n'est pas parce qu'on regarde une autre femme qu'on va coucher avec elle. Nous sommes gaffeurs et les excuses ne sont pas notre fort, c'est vrai. Donnez-nous le temps et l'occasion de nous faire pardonner.* » (Frank, 38 ans)

• « *Les femmes sont plus fleur bleue que nous. Un soir, en sortant du cinéma, j'étais nauséeux et ma fiancée m'a passé un bras autour du cou en me demandant : "À quoi tu penses ? Puisqu'elle voulait le savoir, je lui ai dit : "J'espère que je ne vais pas dégueuler." Elle savait que je ne me sentais pas bien, mais ça ne lui a pas plu : "Ce n'est pas la réponse que j'attendais !", m'a-t-elle dit en pinçant les lèvres. Sur le parking, elle admirait la lune et espérait que j'allais faire un joli commentaire romantique. Mais non. J'étais malade comme un chien, point.* » (Sam, 37 ans)

• « *On se fiche bien que votre slip soit assorti à votre soutien-gorge.* » (Bill, 27 ans)

CHAPITRE 7

Comment en faire un amant sur mesure ?

Les hommes sont bien plus malléables que vous ne le pensez. À vous de déployer vos talents pour sculpter le héros de vos rêves dans un bloc d'argile brute.

Messieurs, quelle situation vous ferait le plus fantasmer ? (Beaucoup de réponses possibles !)	
Je suis son patient, elle est infirmière	68 %
Je suis son étudiant, elle est professeur	62 %
Je suis son professeur, elle est étudiante	55 %
Je suis son patient, elle est médecin	52 %
C'est une parfaite inconnue	50 %
Je suis maître de maison, elle est soubrette	49 %

Aux temps de nos tout premiers émois, nous étions des créatures sexuelles plutôt égoïstes. Nous étions alors de sages collégiens qui s'affolaient de la pose langoureuse de Sylvia Kristel dans son célèbre fauteuil, incarnant Emmanuelle. Et cette icône de l'érotisme placardée en face de notre lit avait le bon goût de ne pas nous demander grand-chose. Quoi que nous fassions, elle nous couvait de son regard gourmand et semblait toujours nous approuver silencieusement. Puis au lycée et à la fac, nous tenions entre copains le compte de nos touches – et celui, bien plus modeste, de nos prises. Arrivés à l'âge de raison, nous avons appris à canaliser notre égoïsme pour vous combler et découvrir que l'extase vraie était dans le don et le partage – ce qui n'était pas pour déplaire à notre orgueil.

Cela est si vrai que 49 % des hommes affirment que c'est en procurant à une femme plus de plaisir qu'elle n'en avait jamais rêvé qu'ils ont connu leur plus belle expérience sexuelle. Si votre agressivité et votre inventivité nous bouleversent, si l'habileté de vos doigts, de vos lèvres et de vos orteils nous étonne, une grande part de notre identité sexuelle repose sur le fait (ou l'espoir) que nous pouvons aussi vous tournebouler et vous faire perdre le nord.

Mais laissons plutôt parler ces messieurs :

- « *La première fois que j'ai fait l'amour avec ma compagne actuelle a été plus merveilleux... qu'une toute première fois ! Nous ne savions ni l'un ni l'autre où nous allions, mais j'ai tout de suite su ce que réclamait son corps. Elle a été littéralement emballée par l'attention que je lui portais et mon absence totale d'égoïsme.* » (Brian, 29 ans)

- « *En une demi-heure, elle a joui sept fois ! Et moi, j'étais aux anges.* » (Evan, 34 ans)

• « *Je mets toute mon énergie à l'aider à prendre son pied. Je ne m'occupe pratiquement pas de moi, car je sais que ça viendra toujours trop tôt. D'ailleurs, je trouve encore plus excitant de promener longuement ma langue sur son sexe que le contraire.* » (Jayson, 30 ans)

• « *C'était la deuxième fois que nous faisions l'amour. Nous avions l'un et l'autre des enfants de mariages précédents, et nous n'avions pas beaucoup d'espaces d'intimité. J'ai garé ma camionnette dans un endroit désert et nous avons passé une nuit fabuleuse. Je lui ai donné quatre orgasmes, cette nuit-là. (Elle m'a par la suite avoué que jamais elle n'en avait eu autant d'un seul coup !) Elle était également très impressionnée par la façon dont j'utilisais ma langue et mes doigts. Je dois dire que moi aussi, j'étais très impressionné par ce qu'elle me faisait. Et nous avions tous deux plus de 40 ans. L'amour après 40 ans, c'est ce qu'il y a de mieux !* » (Rick, 42 ans)

• « *J'adore la lécher et la sentir frissonner et s'abandonner sous ma langue. Elle apprécie mes initiatives et elle le montre. C'est ce qui rend nos ébats si planants, pour elle comme pour moi.* » (Brock, 29 ans)

• « *C'était pendant une escapade de week-end, dans un chalet avec cheminée et Jacuzzi. Nous avions à peine posé nos valises que je l'ai entièrement déshabillée et je l'ai plaquée contre le dossier du canapé. Le feu crépitait derrière nous et je l'ai embrassée de la nuque aux fesses, je l'ai retournée, j'ai parcouru ses épaules, ses seins et son ventre de mes lèvres, et je l'ai léchée jusqu'à ce qu'elle demande grâce.* » (Rudy, 40 ans)

- « *Le plus beau spectacle pour un homme est de voir la femme qu'il aime atteindre le nirvana.* » (Matthew, 32 ans)

- « *Elle m'a fait lire à haute voix des contes érotiques du XIXe siècle pendant qu'elle s'occupait de moi. Puis, elle est venue sur moi et j'ai continué de lire jusqu'à ce que je n'en puisse plus.* » (Cameron, 29 ans)

Le message est clair : votre jouissance est notre billet pour le septième ciel.

Bien sûr, ce merveilleux altruisme a un revers un peu plus égoïste. En vous faisant grimper aux rideaux, nous espérons décrocher une place de choix à votre palmarès des amants les plus extraordinaires. (Ne vous défendez pas, nous savons très bien que vous tenez scrupuleusement vos registres !) Et en vous procurant ces plaisirs insensés, nous espérons aussi la récompense ultime : la réciprocité.

Nous n'avons hélas pas toujours les moyens de nos généreuses intentions car nous ne savons que trop bien qu'un corps de femme n'est pas un clavier magique et qu'il ne suffit pas d'appuyer systématiquement sur la même touche pour obtenir le *oooooooh !* tant convoité. Vous êtes toutes différentes et chacune réagit à sa façon à nos caresses. Les débuts sont donc un peu tâtonnants, car nous cherchons à régler les innombrables paramètres qui nous permettront de vous offrir le meilleur de nous-mêmes. À ce stade, nous avons besoin que vous nous guidiez doucement vers ce que vous aimez et ce dont vous avez envie.

Terry, 27 ans, sortait avec son amie depuis environ neuf mois. Au début, ils s'entendaient remarquablement bien au lit, mais petit à petit, il s'est rendu compte qu'elle s'investissait de moins en moins. Il lui a donc demandé s'il s'y prenait mal. « Mais non, elle n'avait rien à me reprocher de particulier, au contraire. Simplement, elle n'arrivait plus à avoir d'orgasme. C'est là que j'ai vraiment commencé à douter : en avait-elle déjà vraiment eu, ou bien avait-elle simulé pour me faire plaisir ? Soit je m'y prenais mal depuis quelque temps, soit je m'y étais toujours mal pris. Dans un cas comme dans l'autre, j'aurais aimé une réponse franche. De grâce, ne faites pas semblant ! Nous sommes d'éternels étudiants, mais nous ne pourrons jamais vous combler si vous n'osez pas mettre le doigt sur nos erreurs et maladresses. »

Au volant, c'est bien connu, nous n'avons pas notre pareil pour lire une carte. Nous nous fions autant à notre légendaire sens de l'orientation qu'aux panneaux indicateurs, et nous évitons surtout de vous demander votre avis. Mais au lit, vous devenez l'indispensable copilote : car nous n'avons jamais fini d'explorer la topographie mouvante de votre corps et nous avons besoin de vous pour guider nos caresses selon les caprices de vos itinéraires du jour. Initiez-nous à vos sentiers de traverse, et faites-nous découvrir vos petits coins secrets. Votre destination sera la nôtre.

COMMENT DIRIGER SES GESTES SANS HEURTER SA SUSCEPTIBILITÉ ?

Mon petit ami fait l'amour comme un robot. Je ne peux pas lui dire qu'il est trop mécanique car il le prendrait mal. Et si je lui indique exactement ce que j'aime, je crains qu'il ne me reproche ma longue expérience. Comment l'aider à trouver les bons gestes sans le mettre mal à l'aise sur ses compétences – et sur mon passé ?

Trois possibilités : prenez-le entre quat'z'yeux et videz votre sac. Ce n'est pas le plus agréable. Ou bien, vivez avec vos frustrations. Dans un cas comme dans l'autre, votre couple y laissera des plumes. Or, vous n'avez aucune intention de faire l'impasse sur votre plaisir sexuel, et il n'a aucune envie de s'entendre dire qu'il n'a pas l'art et la manière de vous faire passer le mur du son. Un cours d'anatomie détaillant vos zones érogènes a toutes les chances de le faire déguerpir la queue entre les jambes. Des travaux pratiques dirigés feront en revanche beaucoup mieux passer le message. Après avoir rompu avec la petite amie qui partageait sa vie depuis deux ans, Benjamin, 25 ans, a rencontré une autre femme à laquelle il appliquait scrupuleusement ce qu'il pensait être ses recettes infaillibles. « À la troisième fois, elle a posé doucement une main sur la mienne, l'a fait glisser de quelques centimètres et s'est mise à gémir. Il ne m'en fallait pas plus : j'avais simplement besoin qu'elle m'aide un peu à trouver la bonne direction. » Il comprendra mieux vos désirs si vous laissez vos doigts parler pour vous. Les indications vocales de circonstance seront également les bienvenues. « Si ce que nous vous faisons vous plaît, un petit soupir ou un gémissement suffit à nous le confirmer. Si vous ne nous livrez aucun indice, nous n'avons aucune chance de faire des progrès », prévient Louis, 28 ans.

PEUT-IL ACCEPTER QUE JE N'AIE PAS D'ORGASME ?

Je ne connais pas l'orgasme. Je ne l'ai jamais connu. Mon mari culpabilise, bien sûr. J'ai beau lui expliquer que ça ne vient pas de lui et que je ne l'en aime pas moins, il veut absolument que j'y arrive. Et plus il s'obstine, moins il y trouve son compte. Inutile de préciser que ça ne facilite pas les choses, loin de là. Comment le convaincre de se détendre et de penser à lui en arrêtant de faire de mon orgasme sa grande mission ?

On ne saurait reprocher à un homme de vouloir vous faire connaître le grand frisson, mais dans ce cas précis, vous devriez sans doute lui dire que plus il focalise sur votre orgasme, plus il vous bloque et moins vous éprouvez de plaisir. C'est lui qui doit se détendre. Voici une idée qui peut paraître un peu saugrenue, mais elle vaut sans doute d'être tentée : la prochaine fois, interdisez-lui toute action. Menez la danse et traitez son corps comme si, à votre tour, vous faisiez de sa jouissance votre grande mission. Déchaînez-vous. Soumettez-le. Vos initiatives le dérouteront suffisamment pour le détendre, et il constatera qu'en se laissant faire, il retrouvera son plaisir, et le vôtre.

Comment trouver le bon rythme entre nous ?

Mon ami expédie parfois un peu trop vite nos ébats. Je n'irais pas jusqu'à lui soupçonner des problèmes pathologiques, mais j'aurais besoin d'un peu plus de temps pour connaître le septième ciel. Je suis certes très flattée de l'exciter à ce point, mais je voudrais qu'il apprenne à se maîtriser et qu'il fasse un petit effort pour se retenir plus longtemps. Comment le lui dire ?

Faites l'amour plus souvent. Ou encouragez-le à se prendre en main (très littéralement) quelques heures avant de vous rejoindre sous les draps. « Je garde un souvenir impérissable du jour où nous avons fait l'amour deux fois de suite en une heure, et où la deuxième fois a duré une éternité », confie Pedro, 34 ans. Gardez également à l'esprit qu'un homme angoissé a davantage de difficulté à se contrôler. Pour le détendre, ne négligez pas les préludes : choisissez une musique douce, allumez quelques bougies d'ambiance, prenez le temps de jouer lentement avec son corps et demandez-lui quelques taquineries avant de l'autoriser à passer aux choses sérieuses.

Petit précis de logique masculine

Trois choses que vous savez de nous :

- Au lit, nous sommes votre chevalier servant. Votre plaisir est le nôtre et, par-dessus le marché, il nous emplit de fierté.
- Aidez-nous à mieux connaître votre corps en nous guidant délicatement vers vos points les plus sensibles. Les gestes sont plus éloquents que les grands discours.
- Plus un homme est détendu, plus il vous comblera.

Un peu de tact…

Ne dites pas : Appelle-moi si tu as envie de faire quelque chose.
Dites : Allons traîner en ville.
Parce que : Votre enthousiasme le motivera.

> *Ne dites pas :* Je veux être la seule et unique.
> *Dites :* Combien d'autres rivales dois-je éliminer pour que nous formions vraiment un couple ?
> *Parce que :* Il n'est pas nécessaire de prendre un ton sérieux pour aborder les sujets sérieux.

Ne dites pas : Si on partait en vacances quelque part ?
Dites : Si on allait faire de la plongée aux Maldives pour nager au milieu des colonies de requins et des raies géantes ?
Parce que : Dès que vous lui donnerez des détails, le projet l'emballera.

DÉCRYPTAGES

Il fait la tête quand je sors entre filles.

Ce n'est ni ce que vous allez faire, ni ce que vous allez vous raconter qui l'inquiète. Mais il est dans tous ses états à l'idée que d'autres types viennent vous payer un verre en plongeant les yeux dans votre décolleté.

Il ne sait pas ou ne veut pas danser.

Danser, c'est un peu comme prendre la parole en public. Il ne veut pas risquer de se ridiculiser – et encore moins à côté d'une superbe fille comme vous.

Il oublie mon anniversaire.

Il ne sait que trop bien que c'est une énorme gaffe – et que les représailles seront terribles.

Question de femme

Pourquoi néglige-t-il si souvent les jeux de langue ?

Si vous ne lui manifestez pas clairement votre ravissement, il ne peut pas savoir à quel point ses petites attentions vous touchent. Gémissez, grognez et hurlez « encore », puis dites-lui que vous attendez déjà la prochaine avec impatience. En un mot, il vous suffit d'ouvrir la bouche pour lui délier la langue.

> **Drôles de zigs !**
> 56 % des hommes sont prêts à tout pour donner du plaisir à leur compagne.

Mots coquins, mots câlins

La chose la plus sexy qu'une femme ait dite à Barry, 38 ans :

« Viens, on a huit minutes avant le début de la deuxième mi-temps. »

La chose la plus sexy qu'Eva, 31 ans, ait dite à un homme :

« Ouaou ! Continue un peu, là... »

Chapitre 8

Que signifie son silence ?

Il est sans doute très éloquent. Apprenez à décrypter ses sentiments quoi qu'il dise... ou ne dise pas.

Messieurs, votre compagne vous reproche-t-elle souvent de ne pas l'écouter ? (Plusieurs réponses possibles)	
Tous les jours	8 %
Chaque fois qu'on se dispute	21 %
Seulement quand elle est en colère	28 %
Quand je zappe pendant qu'elle me parle	23 %
À d'autres occasions	19 %
Jamais	30 %

Contre toute attente, près d'un tiers des hommes assurent que leur compagne ne leur reproche jamais de ne pas les écouter. À moins que ce soit l'un des reproches qu'ils n'entendent pas... faute d'écouter, justement.

Et pour ne rien arranger, nous ne sommes pas non plus de grands bavards. Il y a certes quelques exceptions notables, de ces hommes capables de s'emparer de n'importe quel sujet – des plus inintéressants et anodins de préférence – pour nous en rebattre les oreilles jusqu'à plus soif. Dans leur épanchement logorrhéique, ceux-là passent sans complexe du coq à l'âne et ne reculent devant aucune digression, le but de la manœuvre étant d'occuper suffisamment l'espace pour ne pas vous laisser une chance d'en caser une, et moins encore d'aborder les sujets qui fâchent.

Mais en règle générale, si vous tentez d'ouvrir le dialogue, vous parviendrez rarement à nous arracher plus de cinq monosyllabes. Pourquoi tant de réserve ? Ce n'est ni parce que nous n'entendons pas ce que vous nous dites, ni parce que nous tombons de fatigue, ni parce que nous sommes trop occupés à programmer l'enregistrement des émissions jusqu'en 2009. C'est tout simplement parce que nous sommes prudents.

Nous savons parfaitement que vous avez une bien meilleure capacité d'écoute que nous, que rien ne vous échappe, et qu'une parole un tant soit peu inconsidérée risque de vous blesser, de vous mettre en colère, d'être mal interprétée ou d'aggraver vos frustrations. C'est pourquoi nous préférons tourner sept fois notre langue dans notre bouche avant de nous jeter à l'eau. Si nous vous donnons l'impression de prendre un temps infini pour répondre à vos questions, c'est en réalité parce que nous mettons un soin infini à peser nos mots, pour être certains que ce que nous dirons correspond réellement à ce que nous voulons exprimer, sans laisser planer la moindre ambiguïté. Notre devise : doucement mais sûrement.

« Ma femme, qui travaille à mi-temps et s'occupe des enfants, m'a un jour demandé si je préférerais qu'elle passe à plein-temps ou qu'elle démissionne pour se consacrer entièrement aux enfants, raconte Todd, 43 ans. La question était délicate et j'ai dû bien y réfléchir. Je gagne suffisamment bien ma vie pour qu'elle puisse se permettre de renoncer à un salaire, mais je voulais d'abord tâter le terrain pour savoir ce qu'elle avait le plus envie de faire. Si je lui disais que je préférais qu'elle reste à la maison, elle risquait d'interpréter cela comme un manque de respect pour sa vie professionnelle. Après mûre réflexion, j'ai fini par lui dire que cela m'était égal et que l'important était sa satisfaction à elle. C'était exactement ce que je pensais, mais elle est revenue à la charge car pour elle, ce n'était pas une réponse. »

Tout cela n'est pas très spontané, j'en conviens, mais nous avons des circonstances atténuantes. Notre silence n'est ni de l'indifférence, ni une façon de nous défiler, mais le fruit de notre expérience : nous nous sommes déjà brûlé les ailes à vous répondre du tac au tac, et nous ne tenons pas à refaire la même erreur. Ainsi, quand nous réfléchissons avant de parler, ce n'est pas parce que nous ne vous écoutons pas, mais parce que nous vous connaissons bien.

POURQUOI NE NOUS DISENT-ILS PAS FRANCHEMENT CE QU'ILS PENSENT ?

Un soir, j'ai essayé trois tenues différentes et j'ai demandé à mon petit ami laquelle il préférait. Réponse : elles lui plaisaient toutes les trois et m'allaient aussi bien l'une que l'autre. C'était bien entendu très délicat de sa part, mais cela ne m'a absolument pas aidée à décider. J'ai l'impression qu'il est toujours sur la défensive, alors que j'attendrais de sa part un peu plus de sincérité, de spontanéité et de franchise. Après tout, c'est le rôle d'un ami, non ?

Un petit ami a ceci de différent d'un ami qu'il est en première ligne et risque à tout instant d'essuyer un feu ami ! Pour sa propre sécurité, il se gardera toujours de dire ce qu'il pense dans un certain nombre de domaines. « J'ai eu un jour le malheur de faire remarquer à ma fiancée que son pantalon rouge l'avantageait beaucoup plus que le pantalon noir qu'elle venait d'enfiler, explique Devin, 26 ans. J'y avais pourtant mis les formes, mais ça l'a mise dans tous ses états. Elle m'a incendié, me rappelant que si je l'aimais vraiment, son apparence ne devrait avoir aucune importance et que je devrais toujours la trouver belle. Elle m'avait déjà demandé plusieurs fois mon avis, et je pensais donc qu'elle serait heureuse de ma franchise. Mais visiblement, je me trompais ! » Pour ce genre de petites décisions, nous préférons vous laisser faire. Et si vous avez le sentiment que nous vous laissons décider de toutes les petites choses qui font notre quotidien, c'est soit parce que nous n'avons pas voix au chapitre, soit parce que nous n'avons pas d'opinion bien arrêtée sur tel ou tel sujet. « J'en plaisante toujours avec mes copains mariés : quand il faut choisir la couleur du papier peint ou le programme du week-end, notre avis compte à peu près autant que celui du chat », ironise Ray, 35 ans. Si vous tenez à ce qu'il vous parle librement, donnez-lui la clé qui lui permettra de se dégager de ses menottes.

POURQUOI SE DÉFILENT-ILS QUAND ILS SAVENT QU'ILS ONT TORT ?

Il y a quelque temps, mon mari et moi nous sommes disputés sur la question de savoir si nous passerions les vacances dans sa famille ou dans la mienne. Il a fini par traiter ma mère de mégère autocrate et on ne s'est plus parlé. Le lendemain, il a attendu d'arriver au bureau pour m'envoyer un e-mail me disant qu'il était désolé, que ses paroles avaient dépassé sa pensée et m'expliquant ce qu'il voulait réellement dire. J'étais contente qu'il s'excuse, mais j'ai trouvé la méthode un peu lâche. Il pourrait tout de même avoir le courage de le faire de vive voix, non ?

Avant de nous concentrer sur ses erreurs, parlons plutôt de ses bons points : un bon point pour avoir présenté ses excuses et reconnu ses torts. Et au moins deux bons points pour avoir pris le temps d'écrire précisément ce qu'il ressentait. Il aurait sans doute eu une image s'il avait pu résoudre de vive voix votre différend, mais il avait sans doute peur que vous ne lui laissiez pas le temps de finir sa phrase. Loin d'être une solution facile pour nier le conflit et clore la discussion, son e-mail était plutôt sa façon à lui de calmer le jeu et de renvoyer la balle dans votre camp... pour vous permettre de relancer le dialogue.

JE LUI PARLE, IL NE ME RÉPOND PAS. SE FICHE-T-IL DE MOI OU DE CE QUE JE LUI DIS ?

Un soir en rentrant du bureau, j'ai parlé à mon petit ami d'une rumeur qui m'inquiétait beaucoup : ma société allait peut-être licencier 12 personnes. « Tu crois que j'ai raison de me faire du souci ? », lui ai-je demandé. Pas de réponse. Au bout d'un moment, j'ai voulu savoir s'il avait entendu ce que je lui avais dit. Cela arrive très souvent. En fait, il ne m'écoute pas. À tel point que nos conversations ressemblent davantage à des monologues entrecoupés de longs silences. J'aimerais pourtant croire qu'il n'est pas aussi indifférent qu'il en a l'air.

Allons voir ce qui se passe dans son cerveau dans ce genre de situation. Il est en train de jongler avec trois réponses possibles : ce qu'il aurait envie de vous dire, ce que vous voulez entendre, et ce qu'il pense que vous devriez peut-être entendre. Il arrive que les trois coïncident, mais c'est extrêmement rare. D'où son dilemme. Et ce n'est pas parce qu'il a un œil rivé sur la télé et l'autre braqué sur la minuterie du micro-ondes qu'il ne vous répond pas. « Lorsqu'elle m'expose un problème auquel elle est confrontée, je ne sais pas toujours si je dois la rassurer ou lui donner des conseils, confie Zachary, 36 ans. J'essaie autant de la soutenir que de l'aider, mais l'un et l'autre ne sont pas forcément compatibles. » Notre instinct masculin nous pousserait à chercher une solution, mais l'expérience nous a aussi appris que vous attendez davantage une oreille compatissante et une analyse de la situation, qu'un plan de bataille. Alors laissez-nous le temps de prendre nos marques et de mesurer notre réponse.

Petit précis de logique masculine

Trois choses que vous savez de nous :

- Notre silence n'est pas un manque de franchise.
- Face à un problème, une question ou une critique, nous prenons le temps de la réflexion pour ne pas vous blesser – et éviter que vous nous voliez dans les plumes.
- Par nature, nous ne sommes pas de grands bavards.

Un homme manifeste plus sincèrement son affection par des actes qu'en se payant de mots. Un conseil : méfiez-vous des beaux parleurs.

Un peu de tact...

Ne dites pas : Tu me réponds, oui ou non ?
Dites : Prends-moi dans tes bras.
Parce que : C'est souvent plus efficace.

> *Ne dites pas :* Tu ne m'écoutes pas !
> *Dites :* On devrait attendre un peu. On en reparle dans une heure ou deux.
> *Parce que :* Il ne peut pas écouter si vous ne lui laissez pas d'oxygène pour réfléchir.

Décryptages

Il grogne pendant l'amour.

Si vous avez l'impression d'entendre un fauve, c'est signe qu'il a franchi un cap émotionnel – qu'il vous fait assez confiance pour ne pas retenir ses borborygmes de plaisir.

Il grogne pendant le match.

C'est le troisième but que son équipe vient de rater. Attendez la mi-temps pour lui parler de la couleur du papier peint.

Il répond « rien » quand je lui demande ce qui ne va pas.

Il a quatre dossiers à boucler pour la fin de la semaine et un patron sur le dos, il est furieux d'avoir pris 5 kilos et il panique parce que sa connexion Internet est en panne. Mais il n'a pas envie d'en parler (ni de parler tout court, d'ailleurs) tant qu'il n'aura pas résolu au moins les deux tiers de ses problèmes.

QUESTION DE FEMME

Quand nous nous sommes connus, c'était un fêtard et voilà qu'il est devenu pantouflard. Que se passe-t-il ?

Quand une voiture marque 150 000 kilomètres au compteur, elle a encaissé pas mal de nids-de-poule. Elle mérite bien un peu de repos au garage, non ?

> **Drôles de zigs !**
> 88 % des hommes ne comprennent rien aux raisonnements et réactions des femmes.

Mots coquins, mots câlins

La chose la plus sexy qu'une femme ait dite à Harris, 40 ans :

« Miaou. »

La chose la plus sexy que Cindy, 31 ans, ait dite à un homme :

« Je connais un petit hôtel pas cher au coin de la rue. »

Chapitre 9

Flirter est-il tromper ?

Vous êtes peut-être la favorite, mais il y a (il y a eu ou il y aura) d'autres femmes dans sa vie. Sont-elles pour autant toutes des rivales en puissance ?

Messieurs, une infidélité pour vous, c'est... (Plusieurs réponses possibles)	
Une incartade d'un soir avec petite gâterie à la clé	92 %
Une aventure avec une inconnue	89 %
Une rencontre par Internet	82 %
Un dîner aux chandelles avec une ancienne maîtresse	59 %
Un flirt par SMS	56 %
Inviter une jolie collègue à prendre un verre	46 %
Rechercher son ex sur Google	20 %

Non, non, je ne l'ai pas remarquée... Laquelle ? Ah, celle avec le tee-shirt vert, la poitrine de rêve, le jean taille basse, le string en dentelle qui dépasse dans le dos, les cheveux qui lui effleurent à peine les épaules, et le joli petit ventre tout plat ? Celle-là ? Non. Je ne l'ai pas repérée.

Nous ne vous le dirons jamais, mais vous le savez. Oui, nous regardons les autres femmes. Nous y prenons même un malin plaisir et certaines, au premier coup d'œil, restent gravées à jamais dans le catalogue de nos fantasmes. Quatre hommes sur cinq avouent fantasmer sur d'autres femmes quand ils sont en couple. Vous voulez des détails ? 18 % fantasment sur une célébrité, 30 % sur des femmes croisées dans la rue, 28 % sur une amie ou une connaissance, et 14 % sur une ex.

Il n'en reste pas moins que celle que nous aimons, c'est vous.

Vous avez sans doute du mal à comprendre que nous puissions dissocier ces plaisirs visuels de nos actes, voire de nos sentiments. Et vous avez surtout une fâcheuse tendance à penser que le simple fait de regarder ou de penser à une autre femme est un jugement implicite sur notre relation de couple : dès que nous laissons dériver notre regard sur une paire de jambes interminables, vous en concluez que nous n'aimons pas vos jambes ; pour peu que vous deviniez que nous l'imaginons en tenue d'Ève, vous êtes convaincue que votre corps ne nous plaît pas ; si nous échangeons trois mots gentils avec une serveuse, nous sommes forcément prêts à embarquer dans le prochain train pour l'Amour éternel. Détrompez-vous et cessez donc de tout ramener à vous, car ces instants d'oubli n'ont strictement rien à voir avec vous. Nous nous évadons par l'esprit et, l'espace de quelques secondes, vous disparaissez de notre paysage mental. Mais vous n'en restez pas moins solidement chevillées à notre vie et à notre cœur. Nous faisons parfaitement la différence entre le rêve et la réalité... et les rêves, ça ne se contrôle pas. Écoutez ce qu'ils ont à en dire :

• « *Nous fantasmons sur votre sœur, votre cousine, votre tante, la serveuse du coin, et la grosse qui s'essouffle sur son tapis de course à côté de vous à la gym. Nous ne passerons jamais à l'acte, mais le simple fait d'y penser nous fait du bien.* » (Rodger, 39 ans)

• « *Nous avons deux facettes : le compagnon dévoué, et le mateur impénitent. Si le dévouement prime, il ne nous rend pas aveugle aux belles femmes pour autant.* » (Richard, 28 ans)

• « *Nous ne pouvons pas nous empêcher de penser au sexe et de regarder les filles. C'est notre cerveau reptilien qui éveille nos instincts primaires. Il y a des jours où nous nous en passerions bien ! Nous aurions moins de problèmes.* » (Darin, 30 ans)

• « *Même si nous sommes aussi fidèles qu'un épagneul breton, nous sommes chasseurs dans l'âme et il est dans notre nature profonde de regarder les femmes.* » (Mike, 53 ans)

Au cours d'une journée type, nous avons des contacts avec une bonne douzaine de femmes qui, chacune, nous apporte quelque chose de particulier. Une collègue peut vraiment comprendre ce qui nous turlupine au bureau. Une stagiaire nous donne le sentiment d'être une indispensable source de savoir et d'expérience. Une jolie serveuse attentionnée pose sur nous le regard gentil auquel nous n'avons pas eu droit depuis longtemps. Une coiffeuse nous bichonne le temps d'un shampoing – qui nous revient douze fois plus cher qu'à la maison. Ce qui ne signifie absolument pas que nous sommes prêts à les attraper sauvagement par les cheveux pour les traîner vers la caverne la plus proche et leur sauter sur le râble.

Keith, 39 ans, est marié depuis sept ans et reconnaît laisser son regard s'attarder sur d'autres femmes, et même flirter un peu si l'occasion se présente. Mais l'idée d'être infidèle à sa femme ne l'effleure même pas. « Mes copains s'étonnent souvent de me voir jouer à draguer de jolies filles, mais pour moi il n'est absolument pas question de tromper ma femme. Je peux m'imaginer au lit avec une créature de rêve, mais ça reste strictement de l'ordre du virtuel et je n'en fais pas tout un plat car, au bout du compte, je n'ai aucune envie de compromettre mon couple et ma famille pour des histoires idiotes de gaudriole. »

D'autres, bien entendu, passeront à l'acte – mais cela vaut également pour les femmes. Le vrai danger est ailleurs : à soupçonner votre homme d'infidélité à chaque fois qu'un vague jupon passe à moins d'un mètre d'eux, vous risquez de tellement le culpabiliser qu'il en perdra toute sa spontanéité dans ses rapports innocents avec les femmes qu'il côtoie au quotidien. Or, ces femmes ne sont ni des menaces, ni des maîtresses, ni des briseuses de ménage en puissance. Ce qu'elles ont à nous offrir, que ce soit dans les quelques minutes que nous passons avec elles au bureau, ou dans les quelques secondes où nous les croisons dans la rue, est bien modeste par rapport à ce que nous espérons trouver auprès de vous.

Dois-je être jalouse de ses collègues femmes ?

Mon petit ami travaille dans une société qui emploie près de 75 % de femmes. Je sais qu'il a quelques amis masculins au travail, mais quand je lui demande avec qui il a déjeuné, ce sont toujours les mêmes trois ou quatre filles qui reviennent. J'essaie de ne pas être jalouse, mais je dois avouer que je ne suis pas très rassurée de le voir passer autant de temps – entre le travail, les pauses, les déjeuners, les fêtes de bureau et les divers pots – parmi autant de femmes. Il m'assure que ce ne sont que des copines et qu'aucune ne l'intéresse. Comment savoir s'il dit vrai ?

Votre jalousie peut être fondée et je ne vous dirai donc pas que vous n'avez rien à craindre. Moi aussi je serais jaloux si ma compagne travaillait dans un bureau plein de requins qui lui tournent autour, et le fait est que c'est au bureau que beaucoup d'hommes et de femmes se trouvent des terrains d'entente, face au patron insupportable, au mauvais café et aux bons vieux ragots. Les hommes n'en ont pas pour autant envie de coincer toutes leurs collègues dans la réserve à papeterie. Trent, 31 ans, travaille dans une agence de pub où sévissent beaucoup de jolies femmes, et une en particulier. « Depuis que ma femme les a rencontrées à une fête de bureau, elle me fait régulièrement des crises de jalousie, dit-il. Elle ne comprend pas que je ne lui aie jamais parlé de toutes ces collègues, et surtout de celle avec laquelle je travaille en binôme. Je craignais justement qu'en lui en parlant, elle n'aille s'imaginer je ne sais quoi, mais en fait, mon silence l'a rendue suspicieuse. Depuis, je lui parle autant d'elle que de mes collègues masculins. » Ce qu'il en dit ou n'en dit pas est effectivement en soi un indice. Et à supposer qu'il n'en parle jamais, c'est en observant son comportement avec ces autres femmes qui vous inquiètent tant que vous comprendrez ce qu'il en est. Vous les présente-t-il ? Sont-elles toutes aussi à l'aise avec vous ou bien certaines semblent-elles garder leurs distances en votre présence ? S'il n'a aucune objection à ce que vous les connaissiez mieux, il y a de fortes chances pour qu'il n'ait aucune arrière-pensée à leur égard.

Dois-je être jalouse de ses vieilles copines ?

Mon compagnon et moi partageons le même ordinateur. Il y a quelque temps, il avait laissé sa boîte de réception ouverte et j'ai vu qu'il avait des messages de deux ou trois anciennes copines de fac. Je me suis abstenue de les lire, mais j'étais contrariée car il ne m'avait jamais dit qu'il correspondait avec elles. Je ne voudrais pas sombrer dans la paranoïa, mais je ne veux pas non plus passer pour une imbécile. Si je lui en parlais, je suis certaine qu'il s'en tirerait par ces pirouettes dont il a le secret – mais non il n'y a rien entre nous, ce sont elles qui m'ont recontacté, et mais oui c'est toi que j'aime, etc. Qu'en penser ?

Vous avez déjà regardé les hommes entrer dans l'eau, à la mer ? Certains courent, se jettent dans les vagues et plongent la tête la première. D'autres avancent doucement, prenant la température, et entrent progressivement – tantôt pour se mouiller entièrement, tantôt pour ressortir aussi sec. C'est la même chose avec les autres femmes. Certains ont juste envie de tâter d'un orteil, rien de plus, sans aucune intention d'y aller pour de bon. « Une fois, j'ai recherché l'adresse e-mail d'une fille dont j'étais amoureux au lycée. Je l'ai trouvée et je lui ai envoyé un petit mot, du genre "comment va ?", raconte Christopher, 34 ans, marié. Elle m'a répondu et nous avons échangé quelques messages, et ça n'est pas allé plus loin. Je n'avais d'ailleurs aucune intention d'aller plus loin. Sur le coup, ça m'avait simplement amusé de la retrouver et de lui envoyer un petit bonjour, comme ça. » Il n'en a toutefois jamais parlé à sa femme car, sans avoir l'impression de la tromper, il pensait qu'elle ne comprendrait pas son geste, et que ça risquait de la blesser. Je ne saurais vous dire si votre petit ami plonge un orteil ou se jette la tête la première dans la vague de l'infidélité, mais vous avez fait ce qu'il fallait en respectant son intimité. Et puisque vous n'avez pas ouvert les messages, vous avez tout à fait le droit de dire ce que vous avez vu. S'il ne fait rien de mal, il vous répondra en toute franchise. Mais s'il batifole, il saura aussi que vous l'avez à l'œil, et qu'il a tout intérêt à se tenir à carreau.

DOIS-JE ÊTRE JALOUSE DE SES REVUES PORNO ?

Je suis tombée sur une pile de revues porno de mon ami. Rien de très hard, mais j'étais tout de même troublée. Nous avons une vie sexuelle satisfaisante et je ne suis pas assez naïve pour penser qu'il ne s'amuse jamais en solo. Qu'est-ce qu'une collection de revues porno révèle sur un homme – et plus encore, sur moi ?

Pas grand-chose sur lui, sinon que c'est un homme normalement constitué : la preuve, il adore les gros seins – et parfois même les petits. « J'ai une petite collection de porno, quelques revues et DVD, explique Dean, 37 ans. Ma femme part souvent en voyage d'affaires et c'est pendant ses absences que je les regarde. Elle n'en sait rien, car je suis sûr qu'elle en conclurait qu'elle ne m'attire pas, ce qui est faux. Mais de temps en temps, pour dire les choses crûment, on a besoin de voir d'autres femmes nues. » Quant à l'autre volet de votre question : une collection de porno ne dit absolument rien de vous. En compulsant secrètement ces magazines, il n'a ni l'intention de vous humilier, ni l'envie que vous ressembliez à ces femmes et moins encore que vous vous fassiez siliconer des seins aussi gros que des ballons du 14 Juillet. Dans les moments où vous êtes absente ou au supermarché du coin, les revues sont simplement sa caféine sexuelle – un stimulus pour se faire des émotions... ou se mettre en condition.

Petit précis de logique masculine

Trois choses que vous savez de nous :

- Toutes les autres femmes ne sont pas des menaces pour votre couple. On peut être copains avec des femmes, même si on les imagine en tenue d'Ève. On peut prendre langue avec elles sans être tentés de faire autre chose de notre langue.
- Quand nous croisons une belle femme, nous ne nous sentons pas obligés de détourner le regard. Au contraire.
- Le fait que nous admirions d'autres jolies femmes ne change rien à ce que nous éprouvons pour vous et ne vous retire rien. Vous nous éblouissez toujours autant.

Un peu de tact...

Ne dites pas : Tu étais en train de mater cette fille, ou je me trompe ?

Dites : Dis donc, il y a des canons dans le coin, tu ne trouves pas ?

Parce que : Ne venez pas nous raconter que vous n'avez pas flashé sur le beau brun ténébreux de la soirée.

> *Ne dites pas :* J'ai vu comment elle te souriait. Tu m'expliques ?
>
> *Dites :* Tiens, on dirait que mademoiselle Jupe-de-Cuir a un faible pour toi. Je la comprends. Mais tu es à moi, et à moi toute seule !
>
> *Parce que :* Donnez-lui le bénéfice du doute. Si vous jouez la concurrence, ça l'amusera ; si vous êtes maladivement jalouse, ça le braquera.

Ne dites pas : Et ta bimbo, elle sera encore là ?

Dites : Tes rapports avec cette femme me mettent mal à l'aise.

Parce que : Si vous lui donnez des exemples précis de comportements qui vous contrarient, il fera tout pour les éviter.

> **Drôles de zigs !**
>
> 47 % des hommes trouvent les aventures d'un soir dégradantes.
>
> 21 % des hommes avouent être secrètement amoureux de leur amie platonique.

DÉCRYPTAGES

Il drague une autre femme devant moi.

Il a peut-être l'impression de faire partie du paysage et il essaie de vous faire comprendre qu'il peut en séduire d'autres, s'il le veut. Il n'en a aucune envie, mais c'est une piqûre de rappel.

Il regarde d'autres femmes.

Il n'a rien perdu de ses mâles instincts.

Il laisse un pourboire de 25 % à une jolie serveuse.

Le service est à l'appréciation du client. Un bon service vaut 20 %. Une œuvre d'art mérite bien un peu plus.

PAROLES D'HOMMES...

Regardez-vous souvent d'autres femmes quand vous êtes avec votre tendre moitié ?	
Si l'occasion se présente, j'en profite	53 %
Si elles sont très belles ou si je porte des lunettes noires	28 %
Jamais, je tiens à mes abattis	19 %

QUESTION DE FEMME

D'accord, Sharon Stone est sexy. Mais est-il vraiment obligé de siffler, s'extasier et piaffer dès qu'elle apparaît à l'écran ?

Ce ne sont là que des réflexes, du même ordre que le « mmmmhhhh » langoureux que vous laissez échapper en voyant une photo de George Clooney. Un peu moins discret, je vous le concède. Mais les garçons sont des êtres spontanés et, sauf à être trop bien élevés (ou coincés), ont autant de mal à réprimer leur admiration face à la belle Sharon (et Adriana, et Angelina et Monica et les autres) qu'un borborygme après une bière.

Mots coquins, mots câlins

La chose la plus sexy qu'une femme ait dite à Jorge, 26 ans :

« Ne me fais pas attendre. »

La chose la plus sexy que Sarah, 36 ans, ait dite à un homme :

« Retrouve-moi dans les toilettes de l'avion dans deux minutes. »

Chapitre 10

Pourquoi va-t-il voir ailleurs ?

Cherchez d'abord à comprendre pourquoi il en éprouve le besoin.

Messieurs, si votre partenaire était d'accord, coucheriez-vous avec une autre femme ?

J'y cours !	20 %
Pas exclu...	10 %
Sans doute pas	33 %
Moi ? Jamais !	37 %

La presse à scandale ne s'est jamais mieux portée. Des têtes couronnées aux stars d'Hollywood en passant par la classe politique et autres hommes troncs du petit écran, aucune histoire d'amour et de désamour des personnages publics ne nous est épargnée. Les magazines people font leur miel de tous ces hommes mariés qui s'égarent dans les bras de quelque maîtresse – voire quelques maîtresses – ou sont surpris sous les flashs des paparazzi à se livrer à d'inavouables échanges linguaux avec une belle inconnue.

Cette extraordinaire activité extraconjugale ne serait-elle donc que l'apanage des célébrités ? On serait tenté de le croire si l'on en juge par les réponses du commun des mortels. Si, comme le prétend un stéréotype répandu, ils ne songeaient qu'à leur prochaine conquête, comment expliquer que 70 % d'entre eux n'envisagent pas le moindre écart, même si leur compagne n'y voyait pas d'inconvénient ? D'où vient donc la théorie couramment admise selon laquelle un homme sur deux trompe sa femme, un sur six sa petite amie, et 13 % auraient même couché avec l'épouse ou la copine d'un ami ?

Bonnes questions.

Certains hommes se justifient en disant que s'ils n'ont vraiment pas envie d'aller voir ailleurs, ils sont esclaves de leurs pulsions physiologiques. « Que voulez-vous, c'est biologique ! Nous sommes faits pour semer à tout vent. Les hommes peuvent libérer des millions de spermatozoïdes par jour. Pour assurer la survie de l'espèce, ils essaient d'en déposer le plus possible dans autant de nids que possible, explique doctement Richard, 42 ans. Ce qui ne veut pas dire que nous ne savons pas contrôler nos actes, mais intérieurement, notre sens moral est en conflit permanent avec nos pulsions biologiques. »

Cet argument anthropologique, un peu facile, ne convaincra pas tout le monde et se trouve au demeurant démenti par les statistiques : la proportion des hommes qui avouent tromper leur épouse est plus forte que ceux qui reconnaissent convoiter une autre femme. Ce qui tendrait à indiquer que l'enjeu n'est pas tant le sexe que ce qui vient avec.

« J'étais marié depuis quatre ans quand j'ai trompé ma femme. C'était avec une collègue de bureau, raconte Douglas, 37 ans, aujourd'hui divorcé. Mon aventure n'était absolument pas préméditée et ma maîtresse n'avait rien d'un canon. Mais c'était une vraie séductrice, et l'intérêt qu'elle me manifestait me valorisait. Elle savait me dire combien elle avait envie de moi, et c'était exactement ce que j'avais besoin d'entendre à cette période de ma vie. Comment résister à ce genre de tentation quand à la maison, on me fait sentir que je ne suis bon qu'à payer les factures et tondre la pelouse ? »

À en croire les résultats de notre enquête, nous n'avons aucune velléité de papillonner, d'abord parce que nous ne voulons pas blesser la femme de notre vie, et ensuite parce que nous sommes assez raisonnables pour savoir que le jeu n'en vaut pas la chandelle. Nous sommes en outre relativement conservateurs puisque, dans notre grande majorité, nous réprouvons vivement l'infidélité. (Seuls 14 % des hommes, sans doute restés à l'époque préhistorique de la dissémination maximale, estiment qu'un homme marié peut prendre une maîtresse en toute bonne conscience.) Nos lecteurs confirment d'ailleurs cette tendance :

« Je me suis bien entendu imaginé en train d'effeuiller d'autres femmes, et l'idée de tester une autre peau m'a toujours titillé, que ce soit avec une femme que je connaisse ou une parfaite inconnue. Mais je ne suis jamais passé à l'acte et je ne m'y vois vraiment pas, assure Brandon, 39 ans, marié depuis huit ans. J'ai vu trop de types qui ont tué leur couple pour une passade ridicule. À quoi bon ? Pourquoi tout gâcher ? »

Il n'est pourtant pas rare que nous gâchions tout. La vraie question est de savoir ce qui, mis à part la culpabilité, le contrôle de ses pulsions et un attachement moral à la fidélité, peut empêcher un homme de sauter la barrière.

Pour le savoir, demandons-nous d'abord ce qui pousse une femme à prendre un amant. Ce peut être un sentiment de n'être plus appréciée à sa juste valeur à la maison ; ou bien une vie sexuelle et conjugale par trop routinière ; ou encore une soudaine envie de changement, de sensations fortes, voire un goût du danger. À moins qu'elle n'ait tout simplement besoin de se rassurer, de s'entendre dire qu'elle est aussi belle, désirable et palpitante qu'au jour de son mariage.

Autant d'excellentes motivations. Qui pourraient tout aussi bien être celles d'un homme. S'il est un domaine où les deux sexes se ressemblent, c'est bien l'infidélité : nous cherchons tous et toutes ce que nous n'avons pas (ou plus) à la maison.

Le meilleur moyen d'éviter que votre homme se laisse tenter par la nouveauté ne consiste donc pas à espionner sa boîte mail, à le faire filer par un détective privé ou à le boucler à la maison sous surveillance électronique. Mieux vaut lui offrir ce que vous attendriez si vous étiez sur le point de tomber dans les bras d'un autre. Pour détourner la flèche de Cupidon avant qu'il ne soit trop tard, cherchez plutôt à combler ses manques affectifs, en multipliant les câlins, les baisers dans le cou, les compliments, les gestes de tendresse. La séduction est un art qui se cultive sur le long terme, et pour qu'il retrouve les frissons des débuts, flattez son ego et sa libido en lui prodiguant de l'imprévu, de la provocation, de l'attention, et faites-lui sentir combien il vous est indispensable. Comme le rappelle fort opportunément Mike, 43 ans, nous avons les mêmes attentes que vous et, quand la passion faiblit, vous êtes aussi bien placées que nous pour ranimer la flamme. « Je suis convaincu que si deux personnes sont sincèrement engagées l'une envers l'autre, alors l'intimité sexuelle est leur meilleure assurance contre l'infidélité et le désamour », ajoute-t-il.

Souvenons-nous que si le commerce électronique fait si bien recette, c'est parce qu'il est bien plus agréable d'obtenir ce que l'on veut sans avoir à bouger de chez soi.

COMMENT SA LIBIDO A-T-ELLE PU L'EMPORTER SUR TOUT CE QUE NOUS AVIONS BÂTI ?

Je suis mariée depuis cinq ans et mon mari vient de m'avouer qu'il avait eu une aventure avec une femme rencontrée par l'intermédiaire d'un collègue. Il se défend en précisant qu'il n'a couché avec elle que deux ou trois fois et que depuis, il ne l'a pas revue. « Que » deux ou trois fois ? Il dit cela avec une telle désinvolture qu'on dirait que je devrais le remercier. Du coup, je ne sais pas si je dois rester avec lui ou le quitter. Le plus dur, dans l'affaire, c'est de réaliser qu'une bouffée de testostérone ait pu peser plus lourd dans la balance que la perspective d'un divorce pour adultère, avec tout ce que cela comporte, pour nous, pour les enfants... et pour son compte en banque !

Le désir sexuel n'est pas systématiquement source d'infidélité, mais du moins peut-il être un puissant catalyseur. « Les femmes sous-estiment le pouvoir d'un orgasme masculin : nous ne pensons jamais au dernier, toujours au suivant », confie Ed, 30 ans. Si un homme a de gros besoins sexuels, il cherchera tout naturellement à les satisfaire, en premier lieu avec sa compagne puis, plus souvent encore, tout seul sous sa douche. Mais si ni l'un ni l'autre de ces exutoires ne comble ses attentes physiques et affectives, il braquera son radar vers l'extérieur. « J'avais mauvaise conscience de coucher à gauche à droite, bien sûr, car je savais que je faisais du mal à ma petite amie. Je prenais mon pied, mais au bout du compte, ce n'était pas beaucoup mieux qu'avec elle », concède Jacob, 26 ans. Dans l'ensemble, les hommes savent pertinemment que la satisfaction de leurs pulsions sexuelles ne vaut pas tant de bouleversements. Mais pour certains, le goût de l'interdit, les jeux de séduction, l'envie irrépressible et le besoin d'attention justifient tous les risques.

OÙ EST LA LIMITE ?

Une de mes amies a rompu avec son compagnon car elle l'a surpris tout éméché à embrasser une fille non moins pompette dans un bar. J'en ai parlé à mon petit copain et visiblement, nous ne sommes pas d'accord sur la définition de l'infidélité : pour lui, un baiser échangé dans les vapeurs de l'alcool est une grosse bêtise, mais pas une incartade. Où les hommes tracent-ils la ligne entre fidélité et infidélité ?

Comme nous l'avons vu au chapitre précédent, c'est là l'une des frontières les plus floues qui puisse être. Les zones interdites sont en revanche assez clairement délimitées : pratiquement tous les hommes s'accordent à penser qu'une relation sexuelle, une fellation et des caresses insistantes constituent des infidélités caractérisées. Mais au-delà de ces contacts purement charnels, la définition de ce qui est admissible et ce qui ne l'est pas est beaucoup plus élastique : 50 % des hommes assimilent une sortie dans une boîte de strip-tease à une infidélité, et 20 % estiment que rechercher une ex sur Internet revient aussi à tromper. Le bon vieil adultère a le privilège d'être clair et net, mais les choses se compliquent singulièrement lorsque « passer les bornes » n'a pas le même sens pour vous que pour lui. « Un soir, après une fête, je me suis retrouvé seul avec une fille dont je venais de faire la connaissance. Nous étions un peu éméchés, mais pas au point de ne plus savoir ce que nous faisions. Elle m'a proposé de me masser le dos, puis elle a glissé les mains sous ma chemise en me suggérant de lui rendre la pareille, raconte Jay, 29 ans. Bien sûr, c'était tentant, mais à l'époque je n'étais pas libre et j'ai préféré ne pas aller plus loin et partir. Je n'ai rien fait de mal, mais ma petite amie aurait pensé que ce simple petit jeu était déjà coupable. Je n'ai donc pas jugé utile de lui en parler, car dans mon esprit, il ne s'était rien passé et je n'estime pas l'avoir trompée. » En la matière, chacun a ses propres critères et c'est pourquoi il est préférable d'expliciter clairement dès le début d'une relation ce que recouvrent pour vous les concepts de fidélité et d'exclusivité. Pour la plupart des hommes, seul un rapport physique poussé est condamnable. Flirter ou danser avec une autre, se délecter de photos ou de films porno ou d'un spectacle de strip-tease ne sont pas plus des coups de canif dans le contrat qu'échanger des messages un peu coquins sur Internet. Si votre conception est plus stricte, faites-le-lui savoir d'emblée : vous ne serez pas forcément d'accord, mais du moins serez-vous fixés pour établir un vrai pacte – ou le refuser et partir. Qui veut la paix prépare la guerre.

POURQUOI VA-T-IL FURETER SUR LES SITES DE RENCONTRES ?

Horreur ! Mon mari s'est inscrit sur un site de rencontres en ligne ! Dans son profil, il se rajeunit, se prétend célibataire et décrit la femme de ses rêves – qui ne me ressemble guère ! Pris la main dans le sac, il m'a assuré que ce n'était qu'un jeu et qu'il n'avait aucune intention de répondre à la moindre annonce. À supposer que je le croie (j'en suis loin !), je ne comprends pas comment il a pu penser que je ne me rendrais compte de rien. Sont-ils donc assez bêtes pour céder aux sirènes du virtuel ? Je peux comprendre qu'ils puissent craquer pour une collègue ou une vague connaissance, mais là, ils cherchent sciemment des occasions de nous tromper. Pourquoi ?

Parce que beaucoup sont aussi sûrs d'eux qu'un danseur étoile sur un terrain de rugby. Derrière notre belle assurance, nous sommes constamment minés par le doute – sur notre physique, notre carrière et tout le reste. La solution ? L'évasion et, comme vous le dites si bien, le virtuel. Aux terrains de chasse imprévisibles où nous sommes vulnérables (la terrasse de café), nous préférons un terrain sûr que nous contrôlons (l'écran d'ordinateur). « J'ai mis mon profil en ligne pour voir comment les femmes y réagiraient, avoue Lawrence, 39 ans. Bien sûr, je me suis bien gardé de dire que j'étais marié. Pour moi, ce n'était au début qu'un petit accroc sans conséquence, mais peu à peu c'est devenu une véritable obsession : je voulais multiplier les touches et relever sans cesse la barre de mes exigences. Rongé par ma mauvaise conscience, j'ai fini par décrocher. J'en parle comme d'une drogue car il y a en effet un phénomène d'accoutumance : plus on reçoit de réponses, plus on en veut et plus il faut forcer la dose pour y trouver son compte. » Selon certaines études, 20 % des hommes mariés ou en couple affichant leur profil en ligne prétendent être libres. Ils ne sont pas absolument certains de ne jamais se faire pincer, mais ils pensent pouvoir continuer longtemps à naviguer dans les eaux troubles de la Cybérie sans se faire harponner. Or, dans un cas comme dans l'autre, ils ont sans doute tort.

Petit précis de logique masculine

Trois choses que vous savez de nous :

• Qu'est-ce qui nous pousse dans les bras d'une autre ? Notre libido débridée, certes, mais aussi et surtout le plaisir de séduire et de se laisser séduire, le goût du risque, et les charmes d'une double vie.

• Nous n'avons aucune envie de vous tromper. Au contraire, nous rêvons de nous forger une image d'homme idéal, fidèle, dévoué et honnête. Aidez-nous à y croire, avant qu'une autre femme ne s'en charge !

• La tentation peut être aussi irrésistible et grisante qu'une drogue. La cure de désintoxication n'est pas la solution. Si nous avons notre dose de bien-être, de plaisir et d'érotisme à la maison, nous n'aurons pas à la chercher ailleurs.

Un peu de tact...

Ne dites pas : À qui tu écris à 11 heures du soir ?
Dites : Je viens de t'envoyer un mail coquin.
Parce que : Pour les hommes, l'e-mail est un jeu. Jouez avec lui.

Ne dites pas : Tu me jures que tu ne me tromperas jamais ?

Dites : Je sais que tu ne me tromperas jamais.

Parce que : Votre assurance renforcera sa fidélité.

Ne dites pas : Il faut vraiment que tu sois obsédé pour aller traîner dans les boîtes de strip-tease !

Dites : Je commence à m'intéresser à la sociologie des clubs topless.

Parce que : Une attaque frontale ne réussira qu'à le braquer.

DÉCRYPTAGES

Il fréquente un club de strip-tease.

Une belle femme nue est encore plus belle en chair et en os que sur papier glacé. C'est un esthète et il ne recule devant aucun sacrifice pour se rincer l'œil. C'est un petit plaisir idiot et éphémère, ça ne mène nulle part et ça lui coûte cher, mais il adore ça.

Il répond « rien » quand je lui demande ce qu'il a fait à l'enterrement de vie de garçon de son copain.

Il a payé quatre strips au marié, il s'en est offert un ou deux supplémentaires, en choisissant sans doute une danseuse dont la taille, les formes, la couleur de peau et de cheveux étaient diamétralement opposées aux vôtres. Et il a assouvi un innocent fantasme qui ne retire ni ne change strictement rien à ce qu'il éprouve pour vous.

Il s'achète des caleçons neufs.

Les dessous masculins ont une vocation plus pratique qu'érotique. Il a besoin de renouveler son stock de caleçons.

> **Drôles de zigs !**
> 40 % des hommes se sentent en droit d'avoir une aventure si leur femme les a trompés.

Question de femme

J'aurais cru qu'il avait passé l'âge, mais non : dès qu'il aperçoit un bout de culotte sous une jupe ou des seins moulés sous un tee-shirt, il est tout émoustillé.
Il ne grandira donc jamais ?

Il y a en tout homme un adolescent mal dégrossi qui sommeille. Il a vu des milliers de décolletés et bien pire, mais le petit bout de peau volé qui lui restera à jamais interdit lui procure toujours autant de frissons.

Mots coquins, mots câlins

La chose la plus sexy qu'une femme ait dite à Randy, 29 ans :

« Je vais te faire oublier toutes les femmes que tu as connues. »

La chose la plus sexy que Lindsey, 26 ans, ait dite à un homme :

« Ferme les yeux. Et essaie de ne pas faire de bruit. »

Chapitre 11

Est-il foncièrement négligé ou bourré de complexes ?

Les miroirs le font fuir, mais au fond, c'est un coquet contrarié. Vous êtes la fée qui lui rendra son assurance de beau gosse.

Messieurs, qu'aimeriez-vous changer à votre physique ?	
Le ventre	42 %
Les cheveux	8 %
Le pénis	8 %
Le visage	7 %
Le torse	6 %
Autre chose	18 %
Rien	11 %

Bien sûr, nous pestons, nous regardons notre montre toutes les deux minutes et nous piaffons devant la porte de la salle de bains, mais au fond, nous sommes pétris d'admiration et de reconnaissance. Car si, entre le maquillage, l'épilation, le brushing, les ongles et les crèmes, vous passez des heures à vous faire belle, nous voulons croire que c'est un peu pour nous. Et nous savons que la dictature d'une mode qui vous porte à croire qu'il faut être plus mince qu'une feuille de papier à cigarette pour être belle ne vous facilite pas la tâche.

Je vous soupçonnerais même de nous envier, car vous vous dites sans doute que pour nous, la vie est bien plus simple. Si nous oublions de nous raser pendant trois jours d'affilée, c'est notre look baroudeur. Si nous ratons la douche du samedi matin, il nous suffit de cacher nos cheveux gras sous une casquette. Et à l'arrivée des beaux jours, nos boxers informes nous posent moins de problèmes esthétiques que le triangle de tissu qui vous tient lieu de maillot de bain.

En fait, c'est nous qui vous envions. Je dirais même plus : nous crevons de jalousie ! Nous avons l'air de nous soucier de notre apparence comme d'une guigne, mais sous nos allures désinvoltes, nous sommes en réalité bourrés de complexes. (Si les hommes se fichaient autant qu'ils veulent bien le dire de leur image, un magazine comme *Men's Health* ne se vendrait pas à 24 millions d'exemplaires par an !) Et pourtant, nous ne faisons pas beaucoup d'efforts pour révéler notre beauté ravageuse. Pourquoi ? Soit par défaitisme – la partie nous semble perdue d'avance –, soit par paresse, mais plus souvent encore par peur du ridicule. Nos codes masculins nous imposent en effet une règle d'or : ne jamais admettre que notre apparence nous préoccupe. Nous avez-vous déjà entendu vous demander si notre jean nous fait des grosses fesses, si notre dos velu nous donne des allures de King Kong, ou nous inquiéter du bourrelet flasque qui nous retombe sur la ceinture ? Nous aurions bien trop peur d'écorner notre mâle réputation et de vous paraître par trop frivoles et futiles, et de ne pas correspondre à l'image que vous vous faites d'un homme, un vrai.

Mais ce n'est pas parce que nous ne parlons pas de notre physique qu'il ne faut pas que vous en parliez... un peu. Juste ce qu'il faut pour tirer la sonnette d'alarme sans blesser notre amour-propre.

En cinq ans de mariage, Patrick, 38 ans, a pris dix kilos. « J'étais mal dans ma peau et j'en avais assez d'avoir à porter un tee-shirt à la plage et d'acheter des vêtements de plus en plus grands. Je n'ai jamais abordé le sujet avec ma femme, et elle n'a jamais fait la moindre réflexion sur mon embonpoint. Je ne savais pas si elle s'en fichait ou si elle ménageait ma susceptibilité », dit-il. Or, à partir du moment où il a décidé de se ressaisir, elle a réagi. Au bout d'une semaine de musculation et de régime, elle lui a innocemment fait remarquer qu'il flottait déjà dans son pantalon et qu'il avait l'air d'avoir perdu du ventre. « Ça n'a l'air de rien, mais c'était le coup de fouet dont j'avais besoin. En général, elle ne me parle de mon physique que pour me dire que j'ai de la sauce tomate sur le menton. Je savais bien qu'objectivement, je n'avais pas beaucoup maigri en une semaine, mais sa façon délicate de m'encourager a fait mouche. »

Le compliment occasionnel du patron, ou le voisin qui nous félicite pour notre pelouse impeccablement tondue nous incitent à persévérer dans la bonne voie et à nous surpasser. Un petit mot d'éloge de votre part ferait littéralement des miracles. « Nous manquons tout autant d'assurance que les femmes, sinon plus. La grande différence, c'est que nous le cachons bien, avoue Mitchell, 31 ans. Nous aussi nous avons besoin d'être flattés et d'entendre que nous sommes séduisants. » Après tout, avec le temps et l'énergie que vous consacrez à vous faire belle, vous méritez bien que l'homme qui partage votre vie en fasse autant pour vous. Un mot de vous, et il se métamorphosera en bel Adonis pour vous plaire.

POURQUOI FONT-ILS UNE FIXATION SUR LEUR CALVITIE NAISSANTE ?

Un collègue de bureau me fait comprendre depuis quelque temps que je lui plais. La petite trentaine, il commence à se dégarnir, sur le front et aussi sur le sommet du crâne. Rien de très grave, sinon qu'à tant vouloir le cacher, il frise le ridicule : il se laisse pousser une frange très longue, puis la plaque en arrière pour recouvrir sa tonsure. Ne comprend-il pas qu'à trop en faire, il affiche son manque d'assurance ?

Il y a quelque temps, un monsieur chauve qui n'avait plus qu'une couronne sur les côtés est entré chez mon coiffeur et, en s'asseyant dans le fauteuil, a demandé : « Dégagez juste un peu sur le dessus, je vous prie. » Les hommes ont deux façons de gérer leur calvitie et autres petits défauts physiques : soit ils en font tout un plat et s'efforcent de les dissimuler, soit ils en font un sujet de plaisanterie. Nous savons parfaitement que la chute des cheveux n'enlève rien à notre force, notre virilité, notre charme, notre professionnalisme, notre efficacité et nos qualités d'amants. Nous la vivons pourtant comme un véritable deuil – de nous-mêmes, de notre jeunesse, de notre capacité à séduire. « Je commence à me déplumer légèrement, confie Michael, 29 ans. J'admire beaucoup les hommes qui, dans ce cas-là, optent pour la solution radicale et arrivent à se raser entièrement le crâne. J'en serais bien incapable et, pour tout dire, je crois que je ne m'y ferai jamais. » Là est le cœur du problème : comment nous y faire ? Nous avons tous nos petites (ou grandes) imperfections, et selon l'attitude que nous adoptons, elles nous minent plus ou moins : soit nous vivons avec et nous les oublions ; soit nous refusons de les admettre et nous ne voyons plus qu'elles – auquel cas, nous ruminons nos complexes.

Pourquoi font-ils une fixation sur la taille de leur pénis ?

Mon petit ami est littéralement obsédé par la taille de son pénis. Il n'arrête pas de s'excuser, me demande s'il est beaucoup plus petit que celui de mes anciens amants, et je l'ai même surpris à consulter des sites de vente de produits miracles sur Internet ! J'ai beau lui répéter qu'il est dans une moyenne tout à fait honorable, que je n'y vois rien à redire, qu'il est très bon amant et que ce n'est pas la taille qui compte, et que (a priori) il n'y a que moi qui le vois, rien n'y fait ! Pourquoi tant d'inquiétude ?

La « moyenne » ne signifie rien pour un garçon car, depuis l'époque lointaine où il jouait à « la mienne est plus grosse que la tienne » dans les recoins sombres de la cour de récré, il n'a plus d'élément de comparaison. Et pour peu qu'il ait entrevu Rocco en pleine action, voilà qu'il s'imagine ridiculement démuni, sinon carrément handicapé ! Tim, 31 ans, a récemment rompu avec l'amie qui partageait sa vie depuis trois ans. Quand il s'est remis en chasse, il a également remis sérieusement en question sa virilité. « Tant que j'étais avec la même femme, ça ne m'inquiétait pas, dit-il. Mais la première fois que je suis sorti avec une autre, c'est à peine si j'osais me déshabiller ! Je sais que je suis en dessous de la moyenne, et je redoutais sa réaction. » Tout bon bricoleur vous dira que l'efficacité d'une perceuse dépend moins de la taille du foret que de la puissance du moteur. En réalité, les trois quarts des femmes se disent satisfaites des attributs virils de leur partenaire. Nous n'avons aucune objection à ce que vous nous le disiez directement, au contraire. Car même si nous n'en parlons pas, cette partie de notre anatomie nous préoccupe énormément et nous nous demandons toujours si elle nous place dans le peloton de tête de votre hit-parade des meilleurs amants.

POURQUOI SE PRÉOCCUPE-T-IL TANT DE SON PHYSIQUE, SOUDAIN ?

Depuis que je le connais, mon mari n'a absolument pas changé. Il porte le même genre de vêtements et la même coupe de cheveux depuis dix ans, et il a toujours eu un léger embonpoint. C'est un bel homme, normal, équilibré. Mais il y a quelques mois, il a changé de coiffure, de garde-robe et a commencé à faire du sport. À 33 ans, je ne pense pas qu'il fasse déjà sa crise de la cinquantaine. Dois-je en conclure qu'il a une aventure ? Sinon, que se passe-t-il ? Et pourquoi maintenant ?

Mark, 42 ans, était très bien dans sa peau de gros nounours tendre et câlin, jusqu'au jour où sa fille de quatre ans l'a regardé et lui a demandé : « Tu es enceinte, papa ? » Pour lui, ça a été le déclic. « Ma femme me houspillait depuis trois ou quatre ans pour que je fasse un régime et un peu d'exercice, mais ces quatre mots de ma fille ont été beaucoup plus efficaces. » Nous sommes de grands garçons et nous n'avons plus envie de nous entendre dire ce que nous avons à faire ou que l'on nous tire l'oreille. Un flash soudain, un commentaire apparemment anodin ou un mot d'enfant peuvent en revanche nous faire l'effet d'un coup de tonnerre. Vous pouvez également user de votre diplomatie légendaire pour susciter ces révélations, en nous gratifiant par exemple d'un petit compliment sur notre physique quand nous avons fait un effort notable. Si vous remarquez un léger changement, votre attention transformera nos velléités en une farouche volonté de nous bichonner pour redevenir votre héros. J'ignore ce qui a motivé votre mari, mais il n'y a pas nécessairement anguille sous roche. Je serais prêt à parier que c'est un détail infime qui lui a donné envie de se prendre sérieusement en main.

PETIT PRÉCIS DE LOGIQUE MASCULINE

Trois choses que vous savez de nous :

• Nous pouvons être aussi complexés que vous par notre physique. Rappelez-nous de temps en temps ce qui vous plaît tant chez nous pour nous rassurer... et nous aider à améliorer le reste !

• Vos conseils éclairés peuvent nous aider à soigner notre apparence, mais souvenez-vous que nous sommes aussi très susceptibles, surtout quand il s'agit de notre physique. Nous pouvons encaisser quelques reproches, à condition qu'ils soient compensés par au moins autant d'encouragements.

• Notre virilité est un sujet sensible. La taille ne compte que pour ceux qui ont la bonne.

Un peu de tact...
Ne dites pas : Ah, te voilà.
Dites : C'est pour moi que tu t'es fait si beau ?
Parce que : Il a besoin de l'entendre.

Ne dites pas : Tu devrais faire un peu de sport.
Dites : Ça te dirait de venir nager avec moi ?
Parce que : Son amour-propre est aussi fragile que ses abdominaux sont flasques.

Ne dites pas : Tes épaules velues, ça me répugne.
Dites : Je m'épile les jambes ce soir. Tu veux que je te fasse les épaules, en même temps ?
Parce que : Si vous dédramatisez, votre proposition l'enchantera.

Décryptages

Il s'épile.

Un homme qui soigne son apparence veut vous montrer qu'il est bien dans sa peau, détendu, plein d'assurance... et donc désirable.

Il ne s'épile pas.

Un homme qui ne soigne pas son apparence veut vous montrer qu'il n'en a pas besoin : il est bien dans sa peau, détendu, plein d'assurance... et donc désirable.

Il dit qu'il va commencer un régime.

Il ne vous demande pas de lui préparer des carottes vapeur mais, chose exceptionnelle, exprime son ressenti : il veut vous faire comprendre qu'il se sent gros, moche, fatigué et à peu près aussi désirable... que des carottes vapeur.

> **Drôles de zigs !**
> 60 % des hommes ne sont pas satisfaits de la taille de leur pénis.

Question de femme

C'est si dur que ça d'aller acheter un pantalon ?
Oui.

Mots coquins, mots câlins

La chose la plus sexy qu'une femme ait dite à Drew, 32 ans :
« On recommence ! »

La chose la plus sexy que Jennifer, 22 ans, ait dite à un homme :
« On dirait que tu serais ma Harley – et c'est moi qui conduis. »

Chapitre 12

Pourquoi veut-il toujours avoir réponse à tout ?

Vous lui demandez une oreille attentive, il ne vous propose que du concret. N'allez pas croire pour autant qu'il n'est pas à votre écoute...

Mesdames, pourquoi ne confiez-vous pas vos problèmes de couple à des amis hommes ? (Plusieurs réponses possibles)	
Ils ne peuvent pas comprendre	19 %
Ils n'ont aucune empathie	16 %
Ils ne savent pas écouter	15 %
Ils ne trouvent jamais le mot juste	12 %
Ils ne sont pas de bon conseil	7 %
Ils sont trop occupés à mater mon décolleté	4 %
Autre raison	34 %
Aucune raison	25 %

Il y a quelques mois, Davis, 38 ans, a trouvé sa femme en pleurs en rentrant chez lui. Elle lui a expliqué qu'elle s'était fait souffler la promotion qu'elle attendait par quelqu'un de moins compétent qu'elle, et qu'elle ne supportait plus de croupir à un poste où elle n'était ni reconnue ni payée à sa juste valeur. « Je lui ai suggéré d'en parler ouvertement à son patron, mais elle était convaincue que ça ne servirait à rien. En ce cas, lui ai-je dit, elle n'avait qu'à lui coller sa démission, refaire son CV et chercher autre chose, explique-t-il. Là, elle m'a copieusement incendié : je n'y comprenais rien, on ne trouvait pas un boulot comme on choisit un film, et ce n'était pas mes conseils qui l'aideraient beaucoup ! »

C'est vrai, nous avons un peu bâclé les joints du carrelage de la cuisine, mais en règle générale, les hommes aiment réparer ce qui est cassé et résoudre les problèmes. Cela vaut autant pour les petits travaux de bricolage que pour les gros soucis qui vous encombrent l'esprit. C'est d'ailleurs l'un des leitmotive de notre grande enquête : exposez-nous le problème, nous vous donnerons la solution.

• « *Nous sommes là pour réparer. Ne venez pas me parler de vos problèmes et de vos chagrins, si la solution ne vous intéresse pas.* » (Timothy, 30 ans)

• « *Dès qu'un homme entend sa femme se plaindre, il part du principe qu'elle cherche une solution à son problème. Or ce n'est pas toujours le cas. Si elles nous disaient clairement ce qu'elles attendent de nous, ce serait moins déroutant pour nous.* » (Bruce, 37 ans)

• « *Les hommes ont l'esprit pratique. Face à un problème, ils cherchent du concret, et ils ne voient pas en quoi le simple fait d'écouter peut contribuer à résoudre quoi que ce soit.* » (Lee, 24 ans)

- « *Pour nous, rien n'est plus satisfaisant que de trouver la clé d'un problème. Et rien n'est plus frustrant que de ne pas pouvoir vous aider.* » (Nate, 25 ans)

Eh oui, notre impuissance à régler vos problèmes nous désole. Lorsque leur compagne a un souci, 53 % des hommes proposent spontanément des idées susceptibles de marcher. Ils sont bien moins nombreux à manifester de la compassion, à chercher à les rassurer par un geste tendre, à écouter... ou même à faire semblant d'écouter. Or ce sont là vos modes de fonctionnement, et vous attendriez que nous réagissions comme vous. Pour vous, l'essentiel n'est pas tant de trouver la solution que de vous sentir soutenue et comprise. À partir de là, la solution s'imposera d'elle-même, pensez-vous. Nous sommes beaucoup plus rationnels : nous étudions le problème sous toutes ses coutures, nous réfléchissons, nous trouvons la solution et nous passons au suivant.

Tandis qu'il vous faut des câlins, de l'écoute, de l'approbation et du dialogue, nous fonçons bille en tête pour agir vite et bien. « Ma copine me reproche toujours d'avoir réponse à tout. J'ai essayé d'arrêter de lui donner des conseils, mais quand je ne propose rien, ça l'exaspère encore plus et elle me reproche de ne pas l'aider ! », déplore Jamie, 27 ans.

Voilà bien le grand malentendu : vous ne supportez pas que nous cherchions à avoir réponse à tout, et nous ne supportons pas de ne pas avoir réponse à tout. Quand il arrive que vos soucis nous dépassent totalement – que ce soit un problème de santé, de travail ou une prise de bec avec votre mère –, nous nous en trouvons tout dépités.

Nous ne demandons pas mieux que de vous aider, de résoudre les questions les plus épineuses, de réparer tout ce qui est bancal ou cassé. Et quand nous ne le pouvons pas, c'est autre chose qui se brise : nous.

COMMENT L'OBLIGER À RÉGLER NOS PROBLÈMES DE COUPLE ?

Depuis quelque temps, les choses ne vont plus très bien entre nous. Je lui ai expliqué que j'attendais autre chose de notre relation, que j'avais l'impression qu'il n'était plus aussi attentionné qu'avant, que nous étions dans l'ornière. Sa réaction ? Silence radio. Il s'est contenté de marmonner que tout cela le désolait, en concluant comme d'habitude par un : « Que veux-tu que je fasse ? » Ça m'horripile. Il a l'air de penser que c'est à moi de tout faire pour que notre couple marche. Pourquoi se défile-t-il dès que j'essaie de lui parler de nos difficultés ?

Traduction : « Que veux-tu que je fasse ? » signifie : « Que veux-tu que je fasse ? » Pas « Je m'en contrefiche », ni « Bah, ça te passera comme ça t'est venu. » Pour nous, cette question exprime exactement ce que nous ressentons : tu n'es pas heureuse ; dis-moi simplement ce que tu voudrais que je fasse pour arranger les choses, dis-moi ce qui te rendrait plus heureuse. Donne-moi un indice, je résoudrai le problème. La vie n'est bien entendu pas une équation de maths, et nous ne sommes pas David Copperfield : ce n'est pas par un geste, une parole ou un comportement que nous transformerons comme par magie des sentiments négatifs en sentiments positifs. Mais c'est un début. « Nous ne raisonnons pas comme elles, constate Luke, 26 ans. Je suis beaucoup plus linéaire dans ma façon de penser. J'ai envie de satisfaire ses besoins et de bien comprendre ce qui la tracasse. Mais pour aller de A à B, je ne prends pas le même chemin qu'elle. »

POURQUOI RAMÈNE-T-IL TOUT À LUI ?

Il y a quelques jours, je me suis disputée avec ma mère. Nous parlions des vacances et des projets de chacun et elle m'a accusée de toujours trouver le moyen de tout gâcher. En rentrant, furieuse et encore tourneboulée, j'ai raconté l'incident à mon mari. Et pour toute réponse, il m'a bassinée pendant des heures avec une vieille histoire de dispute entre sa mère et sa sœur. J'avais envie de vider mon sac, et lui a détourné la conversation pour me parler de lui et de sa famille ! Je veux de l'écoute et j'ai droit à une conférence ! Je ne lui demande pourtant pas la lune !

C'est là une tactique qu'utilisent près de 10 % des hommes que nous avons interrogés : en essayant d'associer votre problème à une situation qu'ils ont vécue, ils ne cherchent pas à nier ou évacuer ce qui vous préoccupe, mais, au contraire, à vous permettre de prendre du recul pour mieux démêler l'écheveau. « Ma copine pense que quand je rapproche son problème de ce qui a pu m'arriver de comparable, je minimise ce qui lui arrive pour me faire valoir, explique Bo, 25 ans. Ce n'est pas du tout ça. J'essaie simplement de créer un lien de connivence. Je croyais pourtant que c'est ça que veulent les femmes. » Nous ne détournons pas la conversation, nous essayons de la diriger. Et contrairement à ce que vous pensez, nous écoutons – d'une oreille. D'abord parce que nous avons immédiatement cerné la question et que nous n'avons pas besoin d'en savoir plus ; ensuite parce que nous sommes en même temps plongés dans une intense réflexion : comment vous aider à sortir du labyrinthe de stress, de frustrations et de contrariétés dans lequel vous êtes coincées ? Notre pragmatisme prend très vite le dessus et au lieu de hocher bêtement la tête et d'écouter vos digressions et divers états d'âme, nous tentons de nous rendre utiles. Et nous savons aussi que si nous nous bornions à écouter sans rien répondre, vous nous reprocheriez de ne pas écouter !

POURQUOI NE SE MONTRE-T-IL PAS PLUS TENDRE EN PUBLIC ?

Un couple de notre connaissance semble filer le parfait amour. Ils ont tous les deux un métier formidable, deux gamins adorables, ils voyagent beaucoup, et quand ils sont ensemble, ils ont toujours l'air très amoureux. Après une soirée avec eux, j'ai fait remarquer à mon mari qu'ils étaient mignons tous les deux et avaient l'air très heureux. Il l'a mal pris. « Pourquoi, tu ne l'es pas, toi ? », m'a-t-il rétorqué. Là-dessus, il m'a fait une scène, disant qu'il ne supportait pas que je nous compare à d'autres couples et que ce n'est pas parce qu'un mari appelle sa femme « ma chérie » en public que c'est le couple parfait. Aurais-je touché un point sensible ?

Effectivement. Il a pris votre comparaison pour un reproche : lui est merveilleux, et toi, tu es une brute épaisse incapable de me donner toute la tendresse que je mérite. « Ma petite amie voudrait que je me montre plus affectueux quand nous sortons. Que je lui tienne un peu plus la main, par exemple. Ce n'est pas grand-chose, mais je déteste ça, confie André, 34 ans. Quand nous croisons des amoureux dans la rue, elle lâche même des petits commentaires. C'est peut-être anodin, mais c'est l'une des manies qui m'exaspèrent le plus chez elle. De quoi j'ai l'air, moi ? J'ai un bon métier, je la traite bien, je suis plutôt bon amant, et il y a un truc qui me met mal à l'aise et patatras ! Voilà que je n'arrive plus à la cheville de tous ces types qui tiennent leur copine par la main et leur font des bisous dans le cou devant tout le monde ! » Pourquoi cela nous gêne-t-il tant ? Au-delà du fait que nous n'aimons pas voir nos performances (ou contre-performances) romantiques jugées à l'aune de ce que font les autres ou de ce qui se fait, nous n'apprécions pas non plus de nous entendre dire que le premier tombeur venu fait mieux que nous.

PETIT PRÉCIS DE LOGIQUE MASCULINE

Trois choses que vous savez de nous :

- Pour nous, aider c'est agir. Si nous nous bornons à écouter votre problème sans proposer de solution, nous craignons que vous nous accusiez de ne pas vous écouter !
- Nous n'essayons pas de nous débarrasser de votre problème. Nous essayons de *vous* en débarrasser.

• Quand nous vous demandons ce que vous attendez de nous, donnez-nous des réponses concrètes.

Un peu de tact...
Ne dites pas : J'ai besoin de parler.
Dites : J'ai besoin de me défouler dix minutes.
Parce que : Il comprendra que vous cherchez plus une oreille attentive qu'une solution.

> *Ne dites pas :* Tu ne m'aides vraiment pas.
> *Dites :* C'est gentil d'essayer de m'aider.
> *Parce que :* Il essaie sincèrement.

Décryptages

Il vous prend dans ses bras (après un premier rendez-vous).
Il en veut un deuxième.

Il vous prend dans ses bras (après l'amour).
Vous l'avez beaucoup impressionné.

Il vous prend dans ses bras (après une dispute).
Il espère régler votre différend sur l'oreiller.

Question de femme

Pourquoi lui faut-il trois semaines pour se décider à acheter une paire de chaussures ?
Un homme peut choisir une maîtresse ou un pack de bière sur un coup de tête, mais un achat, ça se réfléchit mûrement.

> **Drôles de zigs !**
> 4 % des hommes font semblant d'écouter les problèmes d'une femme, en s'abstenant de commenter.

MOTS COQUINS, MOTS CÂLINS

La chose la plus sexy qu'une femme ait dite à Adrian, 22 ans :

« Tes lèvres savent ce qu'elles font. »

La chose la plus sexy que Lisa, 29 ans, ait dite à un homme :

« Toutes les femmes devraient avoir autant de chance. »

CHAPITRE 13

Pourquoi a-t-il peur du conflit ?

Il fera tout pour esquiver une scène
de ménage, mais, poussé à bout,
il est capable de sortir ses griffes.
Comment recadrer le débat et calmer le jeu.

Messieurs, quels sont les sujets de dispute les plus courants dans votre couple ? (Plusieurs réponses possibles)

L'argent	38 %
Les corvées ménagères	26 %
Le sexe	24 %
Elle a l'impression de faire partie des meubles	22 %
Elle trouve que je ne m'investis pas assez dans le couple	21 %
Elle veut décortiquer mes sentiments	19 %
Les enfants	17 %
Le temps que je passe au bureau	14 %
La belle-famille	13 %
La fidélité, la jalousie	9 %

L'an dernier, Gene, 42 ans, a touché une prime de fin d'année de 10 000 dollars. Sur le chemin de la maison, il s'est arrêté dans une boutique d'électronique et a commandé un téléviseur grand écran. À peine rentré, il s'est empressé d'annoncer la bonne nouvelle à sa femme. Elle a explosé. « Elle m'a passé un de ces savons ! Pour elle, je n'avais pas le droit de dépenser l'argent du ménage sans lui en parler, et elle ne comprenait pas que je puisse être aussi égoïste et léger, se souvient-il. Là, j'ai pris la mouche et j'ai vidé mon sac : je ne dépensais jamais rien pour moi, c'était *ma* prime, je l'avais gagnée à la sueur de mon front, je n'écornais pas le budget familial et après une année passée à bosser comme un forçat, je n'avais pas volé mon cadeau ! Nous ne nous sommes pas adressé la parole pendant trois jours, et il nous a fallu trois semaines pour surmonter l'incident et en reparler normalement. »

Avec le recul, Gene reconnaît que s'il avait raison sur certains points et tort sur d'autres, sa colère était tout à fait disproportionnée et qu'il aurait en effet peut-être dû en parler à sa femme avant de signer un si gros chèque. « Mais j'ai eu l'impression qu'elle me plantait deux crocs dans le gigot et qu'elle ne lâchait plus. Si elle avait dit la même chose calmement, nous nous serions épargné quelques reparties cinglantes. »

Les scènes de ménage nous terrifient car nous associons instinctivement le conflit à l'agressivité et à la colère. Une bonne dispute ne peut avoir de vertus cathartiques que si elle part sur des bases saines. Si vous avez des comptes à régler, ne laissez surtout pas votre colère prendre le dessus. Nous n'avons rien contre les discussions animées et les échanges de vues contradictoires, mais dès que nous nous sentons agressés, nous nous mettons sur la défensive et nous ripostons.

Nous réagissons de la même manière aux attaques verbales qu'aux attaques physiques : si nous recevons un coup, notre instinct de conservation nous pousse à le rendre. Et quand nous craignons que nos paroles (ou nos gestes) dépassent notre pensée, nous optons pour la fuite, la retraite ou le silence. « Dès que ma petite amie perd son sang-froid face à un problème, je me réfugie dans le mutisme, admet Bryan, 34 ans. Je refuse de discuter tant qu'elle est sous le coup de la colère – ce qui, bien sûr, ne réussit qu'à l'enrager encore plus. Ça me rappelle un peu la scène des Monty Python, où le chevalier qui s'est déjà fait trancher les deux bras et les deux jambes continue de provoquer son adversaire en lui disant : "Allez, bats-toi si t'es un homme !" Moi, je ne peux pas me battre avec quelqu'un qui n'est pas en pleine possession de ses moyens. Je ne lui répondrai que quand elle se sera calmée. »

Rien d'étonnant, donc, à ce qu'un couple ne parvienne jamais à résoudre un différend sous le coup de l'émotion. Votre propension à la colère est sans doute légitime, mais puisque nous ne savons y répondre que par l'autodéfense ou la fuite, toute confrontation est vouée à l'impasse. Si vous cherchez réellement à régler un problème, mettez vos émotions dans votre poche et abordez-le par le dialogue.

« Tout ce que je demande aux femmes c'est de comprendre que les hommes et les femmes ne sont pas faits pareils et envisagent le monde sous un angle différent. Les femmes ne peuvent pas s'obstiner à vouloir que l'homme de leur vie voie les choses comme elles, explique Max, 34 ans. L'un des secrets d'une relation réussie est la capacité du couple à parvenir à un accord ou à un désaccord à l'amiable. »

POURQUOI FUIENT-ILS LA CONFRONTATION ?

Dès que nous avons un problème, mon petit ami prend la tangente. Il est fuyant comme une anguille et je n'arrive jamais à le coincer sur les sujets qui fâchent. J'aimerais bien qu'il me renvoie la balle de temps en temps, mais quoi que je dise, je me heurte à un mur. Un jour, pour le provoquer, je l'ai accusé de faire du gringue à une serveuse. Il a simplement haussé les épaules, m'a traitée d'idiote et n'a même pas essayé de se défendre. Lui considère la scène de ménage comme un fléau destructeur, moi comme un excellent exutoire. Comment le faire réagir ?

Si certains garçons ont l'esprit batailleur, ils le manifestent volontiers dans la cour de récré ou sur un ring, mais rarement avec la femme qu'ils aiment. Face à une provocation, quelques-uns vont même jusqu'à nier purement et simplement la réalité d'un problème. « Je déteste les disputes. Je peux ne pas être d'accord et défendre mon point de vue, mais je ne supporte pas qu'un différend dégénère en scène de ménage. Dans mon esprit, si on se dispute, c'est forcément signe que quelque chose ne tourne pas rond dans notre couple », explique David, 28 ans. Si votre tendre moitié est un pacifiste dans l'âme, vous n'en ferez jamais un va-t-en-guerre. Passé la bataille de polochons, ne comptez pas sur lui pour se jeter dans la mêlée et moins encore sur des querelles anodines qu'il pense pouvoir résoudre dans le calme. Cela étant, n'avez-vous pas assez de sujets de dispute comme ça, pour vous disputer sur la façon de gérer les disputes ?

POURQUOI SE PLAISENT-ILS PARFOIS À NOUS DÉNIGRER ?

Je me suis sérieusement accrochée avec mon fiancé sur des questions d'argent. Nous avions une discussion très sérieuse sur la façon dont nous allions gérer notre compte commun, notre épargne, partager les frais et les factures... Tout d'un coup, il m'a renvoyée dans les cordes sur un ton très sarcastique, me reprochant de ne même pas être fichue de calculer un pourboire de 15 %. Dès que nous abordons un sujet un tant soit peu délicat, il esquive par la raillerie. Si je réagis, il prétend que c'était de l'humour. Moi, ça ne me fait pas rire, car je trouve cela très blessant et condescendant. Pourquoi prend-il un malin plaisir à se moquer ouvertement de moi ?

L'humour est une arme, mais c'est sans doute la plus difficile à manier. Ça passe ou ça casse. En se retranchant derrière la plaisanterie ou l'ironie, il espère faire passer son message et reprendre l'avantage dans le débat. « Sur un terrain de foot, quand les joueurs s'invectivent, ce n'est pas toujours méchant. Ils se livrent simplement une petite guerre psychologique, le but étant de s'imposer en déstabilisant l'adversaire, explique Kevin, 32 ans. J'ai vu mes copains faire ça avec leur femme. Des petites piques gentilles, lancées comme ça, l'air de rien. Ils prétendent que ce n'est qu'un jeu, mais en réalité, c'est leur tactique pour couper court à une dispute. »

SOMMES-NOUS DONC SI EXASPÉRANTES QUE CELA ?

J'avoue : il m'arrive parfois d'asticoter un peu mon mari. Et il ne supporte pas. Il a l'impression que je suis tout le temps sur son dos, pour tout et n'importe quoi – depuis ses chaussettes qui traînent par terre jusqu'à la piscine qu'il laisse dans la salle de bains après sa douche. Je ne fais pas cela pour l'embêter, mais sans un minimum de discipline, la cohabitation devient intenable. Ce ne sont que des petits détails, mais les hommes prennent la moindre réflexion pour une attaque en règle. Est-ce nous qui sommes insupportables, ou eux qui sont trop susceptibles ?

Il y a deux façons de casser une pierre : soit vous la jetez par terre pour qu'elle se fracasse en mille morceaux ; soit vous l'attaquez au burin, pour l'effriter par petits coups répétés. Le résultat est le même, mais avec la deuxième technique, l'agonie est beaucoup plus longue. « Ce n'est pas en m'asticotant qu'elle arrivera à quoi que ce soit, assure Ryan, 27 ans. Elle parviendrait mieux à ses fins en me témoignant un peu plus de respect. » Pour motiver un homme – ou le mener par le bout du nez –, la recette est simple : une bonne dose de concret, une louche de positif et une pincée de flatterie. Au lieu de le harceler sur le chantier qu'il laisse derrière lui, dites-lui combien la salle de bains serait agréable s'il prenait la peine de rincer la baignoire et de ramasser ses serviettes. Dès qu'il aura fait le lien entre salle de bains propre et femme heureuse, il s'y mettra.

Petit précis de logique masculine

Trois choses que vous savez de nous :

- Votre colère nous paralyse. Moins vous l'extérioriserez, plus vous en saurez.
- Pour vous, une bonne dispute est une façon d'exprimer vos émotions. Pour nous, le conflit ne résout rien et fragilise le couple, plus qu'il ne le soude. Nous préférons nous expliquer calmement avant d'en arriver aux attaques verbales.
- Acculés, soit nous ripostons férocement, soit nous nous murons dans notre silence. Dans un cas comme dans l'autre, nous y laisserons tous deux des plumes.

Un peu de tact...

Ne dites pas : Calme-toi.
Dites : Tu as le droit d'être en colère.
Parce que : Il a besoin d'être reconnu, pas apaisé.

> *Ne dites pas :* Si tu savais ce que tu m'énerves !
> *Dites :* J'apprécie beaucoup que tu fasses la vaisselle et les lessives, mais je ne supporte pas ton désordre.
> *Parce que :* Une critique passe mieux quand elle est bien ciblée et enrobée de compliments.

Ne dites pas : Tire-toi.
Dites : Pouce ! On a tous les deux besoin de se calmer.
Parce que : Même pendant une dispute, il a besoin de savoir que vous n'êtes pas passée dans le camp ennemi.

> **Drôles de zigs !**
> 15 % des hommes affirment ne jamais se disputer avec leur tendre moitié.

Décryptages

À la moindre chamaillerie, il se referme comme une huître.

Deux interprétations possibles : soit il n'a pas envie de dire quelque chose qui lui vaudra de prendre un coup de rouleau à pâtisserie sur le crâne. Soit il sait que son silence vous exaspérera tant que vous allez attraper le rouleau à pâtisserie.

Il me fait une réflexion très blessante pendant une dispute.

Il a intériorisé trop longtemps ses frustrations. Quand ça sort, ça peut faire mal.

Il est maladivement jaloux de mes ex.

Vous imaginer dans les bras d'un autre homme est déjà très pénible. Mais vous imaginer dans les bras du bellâtre que vous venez de croiser au restaurant est proprement insoutenable.

Question de femme

Pourquoi est-il incapable de dire « pardon » ?

Il a tort, bien sûr, mais dans son esprit, s'excuser reviendrait à nier sa virilité.

> **Drôles de zigs !**
> 19 % des hommes avouent contrer les attaques de leur compagne par des arguments spécieux.

MOTS COQUINS, MOTS CÂLINS

La chose la plus sexy qu'une femme ait dite à Bill, 24 ans :

« Tu es ce qui m'est arrivé de mieux dans ma vie. »

La chose la plus sexy que Jessica, 25 ans, ait dite à un homme :

« Je suis ton cadeau, ouvre-le ! »

Chapitre 14

Un homme croit-il au coup de foudre ?

Osez le geste tendre qui lui fera comprendre qu'il vous a tapé dans l'œil... mais n'en faites pas des tonnes !

Messieurs, qu'est-ce qui vous attire le plus chez une femme ?	
Son physique, son allure générale	35 %
Son regard dans le mien	21 %
Son sourire	19 %
Son assurance	12 %
Sa conversation	5 %
Sa façon de s'habiller	2 %
Autre chose	6 %

La séduction est pour nous un jeu du chat et de la souris. Au bout du compte, nous tenons bien entendu à vous attraper, mais nous aimons aussi nous dire que la partie n'est jamais gagnée d'avance et que, si nous relevons le défi, nous aurons bien mérité notre récompense. Plus la proie est difficile, plus le chasseur doit faire preuve d'astuce, d'audace et d'imagination – et plus son trophée lui sera précieux.

Ce qui n'est pas une raison pour nous faire tourner en bourrique ou vous défiler avant la fin de la partie pour tomber dans les bras d'un beau matou plus rapide, plus malin ou plus viril que nous. Vous avez l'esprit taquin, nous avons l'esprit joueur : nous sommes donc faits pour nous entendre ! Et nous ne connaissons rien de plus exaltant que de baliser pas à pas le chemin qui nous mènera jusqu'à vous.

Quoi qu'en donne à penser notre belle assurance, une petite boule d'angoisse nous serre délicieusement le ventre dès que nous tentons de vous approcher ou tout simplement de faire votre connaissance. Dans ces instants, nous avons plus le trac qu'un acteur avant le lever du rideau. Sommes-nous bien préparés ? Avons-nous révisé notre texte ? Sommes-nous seulement capables de jouer la scène ? L'enjeu est d'autant plus sérieux que nous avons un public exigeant : vous. Et si vous êtes celle que nous espérons garder longtemps, nous ne voulons surtout pas que vous dissipiez nos angoisses par une grande déclaration d'amour ou une invitation à sauter dans votre lit. Du moins, pas tout de suite.

• « *Je trouve qu'une femme qui vous taquine au premier rendez-vous est merveilleusement sexy. Surtout quand elle en fait juste assez pour nous faire comprendre qu'elle est intéressée, mais pas trop pour laisser penser qu'elle est aux abois.* » (Danny, 32 ans)

• « *J'adore les femmes un peu aguicheuses – et j'aimerais bien qu'elles le soient plus souvent. Mais il y a des limites à tout... Une femme qui m'effleure le bras ou a des petits gestes attentionnés a bien plus de chances de me séduire que celle qui m'enfonce sa langue au fond de la gorge au bout d'une demi-heure.* » (Allen, 36 ans)

• « *Je discutais dans un bar avec une fille qui me plaisait et elle a eu un geste absolument fabuleux : elle a glissé deux doigts dans la poche avant de mon jean en me parlant. J'ai blêmi. J'avais l'impression d'avoir neuf ans !* » (R.J., 27 ans)

L'objectif ultime est bien entendu de vous ravir à nos concurrents pour être celui qui vous emportera sur notre blanc destrier, mais non sans avoir gagné la bataille de haute lutte. Laissez-nous enfiler notre armure de chevalier servant, ne nous privez pas de notre dose d'adrénaline, faites-nous sentir que nous devons vous mériter, donnez-nous quelques occasions de nous surpasser. Nous n'en savourerons que mieux notre victoire.

COMMENT LUI MONTRER QU'IL ME PLAÎT SANS AVOIR L'AIR TROP PROVOCANTE ?

J'entends tous mes copains se plaindre des filles qui jouent les saintes-nitouches, mais dès qu'on se montre un tant soit peu entreprenante, on passe pour une allumeuse ! Où est le juste milieu entre la pimbêche et la croqueuse d'hommes ?

Si les hommes ont des antennes, elles captent à peu près aussi bien qu'un portable au fond du Grand Canyon. À leur décharge, le signal que vous leur envoyez n'est pas toujours très clair. Vous êtes plus verbales que nous, et souvent trop subtiles pour nous. Mais si tout le monde sait que l'homme est un être visuel, il est aussi très sensible au toucher. Pour lui indiquer que la ligne est ouverte, laissez parler vos doigts et vos mains. « Je n'ai pas envie de m'engager dès un premier rendez-vous, mais j'apprécie de savoir si une femme me voit davantage comme un candidat possible que comme un frère, explique Dane, 31 ans. La fille avec laquelle je sors actuellement a établi un contact physique très fort quand on s'est rencontrés, et j'adorais ça. Ce n'était ni de la sensualité débridée, ni des avances, mais elle émaillait la conversation de gestes tout simples et spontanés : une main sur l'épaule, un bras effleuré, une caresse sur les hanches pour m'embrasser. Il était évident que ça n'avait rien de calculé ni de mécanique. »

COMMENT LUI MANIFESTER MON INTÉRÊT SANS LE FAIRE FUIR ?

Nous en sommes à notre cinquième rendez-vous, et ça se présente plutôt bien. Il est adorable, nous rions beaucoup, nous passons des moments agréables et visiblement, nous sommes faits pour nous entendre. J'aimerais maintenant passer à la vitesse supérieure et lui faire comprendre qu'il me plaît et que je suis amoureuse. Je sais, pour l'avoir déjà vécu, que c'est un cap délicat et que je risque de l'effrayer. Quel est le meilleur moyen de lui faire comprendre que je n'attends qu'un geste de lui, sans qu'il aille en conclure que je veux lui passer la corde au cou ?

Pour préparer le long terme, il faut penser à court terme. « Quand j'ai commencé à sortir avec ma femme, il était très clair que nous nous plaisions, mais aucun d'entre nous n'osait vraiment parler du statut ou de l'avenir de notre relation, explique Dylan, 39 ans. C'est elle qui a rompu la glace, et avec une délicatesse toute féminine : au bout d'un mois, elle m'a annoncé qu'elle avait envie de s'offrir un week-end de ski, en me demandant sans avoir l'air d'y toucher si ça me tentait de l'accompagner. J'ai sauté sur l'occasion et, sur le coup, je n'ai pas bien fait attention. Mais avec le recul, j'avoue que c'était très ingénieux : elle avait réussi à me laisser entendre qu'elle souhaitait que notre relation aille plus loin, sans me mettre au pied du mur. »

JOUENT-ILS LES NULS POUR NOUS ÉMOUVOIR, OU SONT-ILS VRAIMENT NULS ?

Dur, dur les premiers rendez-vous ! Soit je tombe sur des types qui sont intarissables sur leur petite personne, soit sur ceux qui pensent m'impressionner en jouant les mâles fragiles, sensibles et hyperromantiques. Le dernier m'a bassinée pendant des heures sur son formidable métier, ses vastes ambitions et ses merveilleux voyages. J'ai eu l'impression qu'il voulait me faire comprendre qu'il avait de l'argent. Pourquoi se donnent-ils tant de mal... pour tomber à côté de la plaque ?

Un premier rendez-vous est aussi décisif qu'un entretien d'embauche. Il sait pertinemment que s'il ne fait pas bonne impression, il n'a aucune chance de décrocher le CDI qui comblerait ses rêves les plus fous. L'enjeu est si important et il est si peu sûr de lui, qu'au lieu de se détendre et de laisser s'exprimer naturellement sa personnalité, il tente d'en mettre plein la vue à son intervieweur en gonflant son CV et en affichant ses titres de gloire. La drague nous amuse, mais nous sommes beaucoup moins à l'aise quand il s'agit de tomber le masque. « Je déteste les premiers rendez-vous, reconnaît Jo, 27 ans. J'ai envie de me présenter sous mon vrai jour, mais si je parle trop de moi je sais que je vais la barber, et si je n'en dis pas assez, j'ai peur qu'elle me trouve barbant ! » Dur dilemme. S'il en fait un peu trop, c'est surtout parce qu'il espère que vous aurez suffisamment d'éléments pour avoir envie de le convoquer à un deuxième entretien.

PETIT PRÉCIS DE LOGIQUE MASCULINE

Trois choses que vous savez de nous :

- Séduisez-nous par des effleurements légers et des paroles encore plus légères.
- Donnez-nous le temps (ou l'impression) de vous conquérir, et c'est nous qui serons à vos pieds. Face à une femme qui nous fait fondre comme neige au soleil, nous n'aimons rien tant que les frissons et le suspense des jeux de séduction.
- Allumez-nous. Encore.

Un peu de tact...

Ne dites pas : Pourquoi tu ne m'as pas appelée plus tôt ?
Dites : Alors, quelles nouvelles ?
Parce que : Puisqu'il appelle, vous devriez être contente.

> *Ne dites pas :* J'ai un cours de yoga, mais je peux le rater.
> *Dites :* J'ai un cours de yoga ce soir, mais on peut se retrouver après.

Parce que : Vous risquez de lui faire peur en chamboulant votre emploi du temps pour lui.

Ne dites pas : Je veux que ce soit du sérieux entre nous.
Dites : Comment tu t'entends avec ton père ?
Parce que : L'intimité, ça se mérite.

Ne dites pas : J'aimerais te voir plus souvent.
Dites : Si on faisait du jogging ensemble, le dimanche matin ?
Parce que : Si vous mettez en valeur vos points communs, lui aussi aura envie de vous voir plus souvent.

Drôles de zigs !
19 % des hommes couchent avec leur partenaire dès le premier soir.

Décryptages

Il n'a même pas essayé de m'embrasser le premier jour.

S'il s'écoutait, il vous couvrirait de baisers, mais il préfère se retenir pour ne pas passer pour un goujat. À ce stade, il exprime sans doute mieux son affection en s'abstenant qu'en se laissant aller à ses instincts voluptueux.

Il m'envoie des fleurs sans raison particulière (avant le mariage).

Il pense à vous… et il a envie de vous.

Il m'envoie des fleurs sans raison particulière (après le mariage).

Il pense à vous… et il a très envie de vous.

Question de femme

Quand je lui demande son avis sur ma tenue de soirée, il lui suffirait de répondre « superbe ». Pourquoi n'ai-je droit qu'à un ronchonnement vaguement approbateur ?

Sans doute parce qu'il vous attend depuis plus d'une demi-heure, qu'il est légèrement exaspéré, et qu'il n'a surtout pas envie que vous retourniez vous changer. (Merci pour le tuyau, au passage !)

> **Drôles de zigs !**
> 28 % des hommes ne voient rien de mal à mentir pour séduire.

Mots coquins, mots câlins

La chose la plus sexy qu'une femme ait dite à Mason, 35 ans :

« Non, est-ce que moi je te mets à l'aise ? »

(En réponse à sa question : « Est-ce que je te mets mal à l'aise ? »)

La chose la plus sexy que Laura, 32 ans, ait dite à un homme :

« Tu es exactement à ma taille. »

Ce qu'ils ont à vous dire sur l'amour

- « *L'amour nous tourne autant la tête qu'à vous, mais nous sommes trop fiers pour l'admettre.* » (Garrett, 27 ans)

- « *L'amour est ce qu'il y a de plus compliqué à comprendre. On ne peut le comparer ni à la bière, ni au sexe, ni au rock'n roll ni à tout ce qu'il y a de sacré pour un homme. Mais quand une flèche nous atteint, nous tombons comme des mouches... et nous sommes tout à vous !* » (Jeremy, 32 ans)

- « *L'amour ne fait pas tourner le monde. Il justifie simplement le voyage.* » (Alex, 39 ans)

- « *Nous savons si nous vous aimons ou pas, mais ne nous demandez pas de philosopher sur l'amour. Nous avons gardé notre âme de gamin et nous nous sentons tout bêtes à dire "je t'aime".* » (Rod, 26 ans)

- « *Dans la vraie vie, l'amour n'a rien à voir avec* Les Feux de l'Amour. » (Brian, 25 ans)

- « *Ce n'est pas parce que je ne lui dis pas "je t'aime" à tout bout de champ que je ne l'aime pas.* » (Bruce, 36 ans)

- « *Les hommes sont plus sensibles que vous ne le pensez. Ne les obligez pas à le montrer, car ils tiennent à sauver les apparences.* » (Brady, 35 ans)

- « *Les hommes expriment davantage leur amour par des gestes subtils que par des paroles.* » (Chang, 34 ans)

- « *Nous apprécions les cadeaux et les compliments, nous aussi.* » (Shaun, 29 ans)

- « *L'amour, c'est une succession d'instants privilégiés.* » (Tim, 34 ans)

- « *Nous n'avons pas besoin de parler d'amour pour que l'amour soit présent.* » (Dom, 38 ans)

- « *Plus vite un homme vous dira qu'il vous aime, plus vite il tombera amoureux d'une autre.* » (Trent, 29 ans)

- « *Il n'y a rien de mal à passer la journée tout nus.* » (Michael, 24 ans)

- « *Dans une relation, nous cherchons autre chose que du sexe. Nous voulons être aimés pour ce que nous sommes, pas pour nos prouesses amoureuses. Les hommes qui prétendent n'avoir besoin que de sexe manquent tout simplement d'assurance et de maturité.* » (Lee, 33 ans)

Chapitre 15

Pourquoi m'abandonne-t-il pour ses copains ?

Pour mieux vous aimer !
Ses escapades entre hommes lui rendent son âme de garçon. Une bouffée d'air frais pour lui... et pour votre couple.

Messieurs, à qui confiez-vous plus volontiers vos problèmes de couple ?	
À mon meilleur ami	17 %
À un copain	15 %
À une copine	14 %
À mon père ou à ma mère	10 %
À mon frère	3 %

Doug, 24 ans, connaît sa petite amie depuis huit mois. Sans vivre ensemble, ils se retrouvent trois ou quatre fois dans la semaine et passent tous leurs week-ends ensemble. Tous les quinze jours, Doug sort seul avec sa bande de copains de fac. « On va dans un bar, on regarde un match, on traîne, mais chaque fois, ma copine se fait tout un film. Elle est persuadée que si je ne l'emmène pas, c'est pour draguer et aller fricoter avec d'autres filles, et dès que j'annonce que je passe la soirée avec mes potes, j'ai droit à une nouvelle scène de jalousie. Ça devient vraiment insupportable. »

Ce que cette demoiselle ne comprend pas c'est que, par ces sorties entre garçons, Doug se ressource et recharge les batteries pour son couple – et non contre lui. Vous retrouvez vos copines pour papoter autour d'un thé et commenter le dernier épisode de *Friends*. Nous renouons avec notre petit groupe de copains autour d'une bière et d'un ballon. « Il y a quelques années, avec trois copains nous nous sommes organisé une virée entre garçons. Au programme : golf, cigares, bière, et steak-frites tous les soirs, raconte Jack, 36 ans. Je n'étais absolument pas malheureux en ménage, mais j'avais juste envie d'un bol d'air entre hommes. Nous nous sommes amusés comme des gamins. Et étrangement, quelques semaines après mon retour, ma femme m'a fait remarquer que je répondais mieux à ses besoins, que j'avais l'air mieux dans ma peau. Ce n'était absolument pas conscient, mais je pense que c'était un peu parce qu'elle m'avait laissé partir sans faire d'histoires, et aussi parce que, sur place, elle m'avait manqué. Je suis rentré tout ragaillardi de ces quelques jours en célibataire. »

Pour régénérer une relation, il n'est pas indispensable d'aller prendre l'air au bout du monde. Il suffit que chacun puisse se ménager des plages de liberté, sans que l'autre en prenne ombrage. Qu'il s'agisse d'un week-end de golf, d'une soirée à faire la tournée des grands ducs ou de quelques heures devant la télé, ces moments privilégiés avec les copains nous sortent de notre routine et nous permettent de renouer avec notre vie de garçon. Ce qui ne veut pas dire que nous étions plus heureux avant de vous connaître, mais simplement que nous avons besoin de nous aérer une fois de temps en temps.

- « *Un homme a besoin d'un peu d'espace, d'un peu de temps pour lui, avec ses amis, loin de sa chère et tendre. Ce n'est pas parce qu'il s'ennuie avec vous ou ne vous aime plus, mais parce qu'il n'est pas sain de rester tout le temps avec vous.* » (Keith, 38 ans)

- « *Les femmes comprennent mal que l'on ait parfois envie d'être seul avec ses copains. Une bordée entre copains nous fait le plus grand bien, et revitalise le couple.* » (Jonathan, 23 ans)

- « *Ces instants de virile camaraderie sont notre soupape de sécurité. Nos compagnes n'ont aucun souci à se faire : nous n'en profitons pas pour nous déchaîner et faire les quatre cents coups, et même si nous sommes bien avec nos copains, nous reviendrons toujours car nous sommes encore mieux avec elles.* » (Eddie, 34 ans)

Théorème : si vous voulez que votre homme ait envie d'aller voir si l'herbe est plus verte de l'autre côté de la clôture, tenez-lui la bride haute. Corollaire : si vous voulez garder votre homme, laissez-lui la bride sur le cou.

Pourquoi préfère-t-il le golf à une grasse matinée dans mes bras ?

Mais qu'ont-ils tous avec le golf ? Qu'est-ce qui les amuse tant ? Et de quoi peuvent-ils bien parler pendant cinq heures ?

Vous tenez vraiment à savoir de quoi parlent les hommes sur un green ? Vous allez être déçues : pas de vous. Leurs sujets de conversation favoris tournent en fait autour de trois choses : leur drive le plus réussi, le drive qu'ils ont bien failli réussir, et celui qu'ils vont réussir. « Ces moments entre hommes sont une occasion rêvée de laisser libre cours à notre esprit de compétition », confie Seth, 30 ans. Gary, 30 ans, fait un parcours une fois par mois. « Je pars toujours avec les trois mêmes copains et nous ne parlons pratiquement que de golf ou de sport, raconte-t-il. Mais si l'un d'entre nous a un problème à la maison, il y fera une brève allusion, nous le chambrerons copieusement, et nous en reviendrons aux choses sérieuses : le golf. Le green est un espace sécurisant qui peut inciter à la confidence. Dans ce contexte, on peut évoquer ses soucis, puis les oublier le temps d'un parcours. »

Pourquoi ne m'invite-t-il jamais quand il sort avec ses copains ?

Mon mari retrouve d'anciens copains de fac dans quelques semaines et il m'a clairement annoncé que je n'étais pas invitée. Je connais ses copains et ce sont tous de braves types, casés ou mariés, et je ne pense donc pas qu'ils aillent faire des bêtises. Mais le fait d'être exclue de ces réjouissances entre garçons me contrarie beaucoup. Je ne sais pas ce qu'ils fabriquent quand ils sont ensemble, mais je ne voudrais pas qu'il fasse quoi que ce soit qui risque de compromettre notre couple.

Pour beaucoup d'hommes, la fac était une oasis de liberté dans un univers de contraintes. C'est l'époque où ils pouvaient descendre autant de bières qu'ils voulaient, draguer les filles, jouer au foot à 3 heures du matin, se lever à midi et se vautrer devant la télé sans personne pour les rappeler aux bonnes manières. Le bon temps ! Votre mari ne vous exclut pas, il a tout simplement envie de retrouver ces sensations de jeunesse. « Les hommes ont besoin de se conduire en hommes, de faire des trucs d'hommes et d'être avec d'autres hommes, assure Rusty, 30 ans. Ce n'est pas parce que nous ne voulons pas *tout* faire avec vous que nous ne voulons pas vivre avec vous. Mais vous ne pourrez jamais nous offrir ce que nous offrent nos copains. »

Que fait-il au juste quand il est de sortie avec ses copains ?

Tous les quinze jours, mon petit ami et moi sortons séparément, lui avec ses copains, moi avec mes copines. Il y a quelques semaines, avec ma petite bande de filles, je me suis retrouvée par hasard dans le même bar que lui avec sa bande de garçons. Lorsque nous sommes arrivées, ils étaient tous les cinq en train de baratiner deux ou trois très jolies filles. En me voyant, mon ami n'a pas bronché : visiblement, il n'avait rien à se reprocher. Mais cette scène m'a mise très mal à l'aise : je pensais que quand ils étaient ensemble, ils se contentaient de picoler, de regarder des émissions de sport et de faire des "trucs de mecs", mais je n'imaginais pas des soirées drague. Si tel est le cas, je me demande bien ce que nous faisons ensemble.

Rodney, 34 ans, marié depuis cinq ans, retrouve une fois par mois son meilleur ami, qui lui est en couple depuis douze ans. « Nous allons dîner, puis nous finissons la soirée dans un bar. Nous choisissons de préférence des endroits branchés, même si tout le monde a cinq ou six ans de moins que nous. Je suis plutôt du genre timide, mais mon ami a tellement de bagout qu'il arrive toujours à inviter deux ou trois filles à notre table. Nous bavardons de tout et de rien, nous passons un bon moment et ça s'arrête là. C'est un moment de détente et ça nous fait du bien. » Il n'y a strictement rien d'anormal à ce que des hommes lient conversation avec des femmes autour d'un verre. Certains les baratinent, d'autres suivent le mouvement, et d'autres encore ferment scrupuleusement les yeux sur les fredaines de leurs camarades de bordée. Quoi qu'il en soit, ce n'est pas parce qu'il sort avec ses copains qu'il a l'intention de vous tromper. Ce qu'il est sera toujours plus fort que ceux avec qui il est.

Petit précis de logique masculine

Trois choses que vous savez de nous :

• Nous passons nos soirées entre copains à descendre des bières, commenter les derniers matchs et mater les jolies filles. Aussi décadents qu'ils puissent paraître, ces instants sont surtout un grand bol d'air frais qui nous font sortir de notre couple... pour y revenir régénérés, guillerets et heureux de vous retrouver.

• Essayer de battre les copains au golf, au basket, au poker ou aux fléchettes assouvit notre esprit de compétition, et c'est là un besoin que nous ne pourrons jamais satisfaire avec vous.

• La vie était belle à 20 ans. Pas plus belle, mais belle. Nous avons parfois envie de retrouver nos 20 ans, même si nous en avons vingt de plus.

Un peu de tact...

Ne dites pas : Comment peux-tu perdre ton temps à des bêtises pareilles ?
Dites : Après tout, si ça t'amuse.
Parce que : Aimer, c'est aussi admettre les petites manies de l'autre.

> *Ne dites pas :* Je peux venir ?
> *Dites :* J'aimerais bien qu'on y aille ensemble, un jour.
> *Parce que :* Si vous étiez bienvenue, il vous aurait invitée.

Ne dites pas : Tu veux venir avec moi ?
Dites : Ça me ferait très plaisir si tu m'accompagnais.
Parce que : Il n'en a pas envie, mais il comprendra que c'est important pour vous.

Décryptages

Il vous annonce qu'il part en week-end avec ses copains.

Que ce soit pour aller à la pêche, jouer au golf ou faire du vélo, il a besoin de ces moments qui le ramènent à ses années d'étudiant.

Il promet d'être rentré à minuit et il arrive vers 4 heures du matin.

Il voulait vous faire croire qu'il s'ennuierait bien vite de vous. Mais une fois sur place, il n'avait plus envie de repartir.

Il prend des plaisirs solitaires bien que nous fassions régulièrement l'amour.

Ce sont deux choses totalement différentes, et le fait qu'il se masturbe n'a rien à voir avec vous. C'est un simple besoin physiologique qui l'aide à évacuer son stress.

> **Drôles de zigs !**
> 64 % d'hommes sont ravis d'avoir un peu de temps pour eux quand leur moitié est de sortie.

Question de femme

Nous faisons l'amour deux ou trois fois par semaine, mais devant ses copains, il sort toujours des blagues vaseuses sur sa misère sexuelle – et devant moi, avec ça ! Pourquoi fait-il cela ?

Aucune idée. Mais rien ne vous interdit de lui faire comprendre que s'il continue, un beau jour vous lui donnerez raison !

MOTS COQUINS, MOTS CÂLINS

La chose la plus sexy qu'une femme ait dite à Carlos, 28 ans :

« Encore. »

La chose la plus sexy que Kristin, 31 ans, ait dite à un homme :

« Allonge-toi et laisse-moi jouer avec ton corps. »

Chapitre 16

Que pense-t-il vraiment de mon corps ?

L'homme de votre vie ne vous le dira jamais en face. Qu'importe : 2 500 autres témoignent pour lui... sans fausse pudeur.

Messieurs, fantasmez-vous souvent sur d'autres femmes que votre compagne ?	
Tous les jours	13 %
Une fois par semaine	10 %
Une fois par mois	4 %
De temps en temps	52 %
Jamais	21 %

Il y a deux ans, Patrick, 32 ans, et son épouse Lori se préparaient à sortir en amoureux. En s'habillant, Lori a commencé à maugréer sur ce fichu pantalon qui, décidément, ne lui allait plus aussi bien qu'avant. « Là dessus, elle s'est lancée dans un long monologue, se plaignant de ne plus arriver à perdre les dix kilos qu'elle avait pris depuis son mariage et de ressembler à une "grosse dondon". Comment étais-je censé réagir ? Je ne devais surtout pas abonder dans son sens, au contraire. »

Il eut donc la sagesse de la réconforter par quelques

banalités, lui assurant qu'elle lui plaisait autant qu'au premier jour et que ce type de jugement superficiel n'avait aucune place dans leur couple. « J'aurais bien entendu préféré qu'elle soit aussi mince et élancée que quand je l'avais connue, mais je lui ai répété que je l'aimais, que pour moi elle restait la plus désirable des femmes et que je n'avais rien contre ses rondeurs. Ce n'était d'ailleurs pas loin de la vérité, mais j'en rajoutais juste un peu pour la rassurer. »

En réalité, nous sommes extrêmement sensibles à votre aspect physique.

« Si un homme prétend que votre physique ne compte pas et jure ses grands dieux ne pas même avoir remarqué que vous avez pris cinq kilos, ne le croyez surtout pas, conseille Trent, 35 ans. Nous sommes trop bien élevés pour vouloir vous faire de la peine, mais la première chose que nous regardons chez une femme, ce sont ses formes. Et plus elles sont harmonieuses, plus elles nous affolent. »

Or, si la beauté du corps féminin nous émeut, ce n'est pas pour des raisons purement esthétiques. Reconnaissons-le : nous sommes bien plus terre à terre. Une fois de plus, notre sondage est à ce titre très éloquent : un tiers des hommes avouent regarder d'un œil critique le corps de leur partenaire pendant l'amour, et un autre tiers se disent insatisfaits du poids actuel de leur conjointe. Certains aimeraient une plus grosse poitrine, d'autres déplorent des hanches trop rondes, mais dans l'ensemble, nos critères de jugement sont remarquablement primaires et égoïstes : plus une femme a de jolies formes, plus elle nous excite. Votre beauté plastique présente pour nous un autre intérêt non négligeable : plus vous êtes bien dans votre corps, mieux vous en jouerez et mieux vous jouerez avec le nôtre. Désolé pour le romantisme, mais ce n'est au bout du compte qu'une affaire de testostérone.

• « *Ma femme a fait un régime et une fois qu'elle a retrouvé son poids idéal, elle a perdu beaucoup d'inhibitions sur son corps. Un soir, en attendant mon retour, elle avait enfilé une robe noire moulante et allumé des bougies dans toute la maison. Dès que j'ai franchi le seuil, j'ai totalement flashé et nous avons fait l'amour plus tendrement que jamais.* » (Randall, 39 ans)

• « *Mon épouse est une merveilleuse amante. Elle a un corps parfait et elle adore les choses de l'amour. Mon ex-femme était également très séduisante, mais elle manquait d'assurance et n'était pas très entreprenante dans l'intimité. Elle ne semblait pas prendre beaucoup de plaisir et nous ne faisions donc pas l'amour très souvent.* » (Jim, 43 ans)

• « *La femme qui m'a laissé le plus beau souvenir était une grande sportive. Je l'avais rencontrée lors d'une randonnée en moto. Elle était en excellente condition physique et avait une peau très douce. Je n'avais jamais vu un corps aussi ferme et musclé.* » (Joel, 23 ans)

Votre corps nous impressionne d'abord par ce qu'il nous apporte : du plaisir, une sensualité nouvelle. Vos petites imperfections ne nous échappent pas, mais votre assurance compte beaucoup plus : l'important, c'est la façon dont vous jouez de votre corps et l'aisance avec laquelle vous l'affichez. Nous éprouvons plus de plaisir physique – directement et indirectement – lorsque vous êtes au meilleur de votre forme et, surtout, lorsque vous acceptez votre corps tel qu'il est.

Pourquoi préfère-t-il laisser la lumière ?

Je suis très timide dans l'intimité. C'est sans doute frustrant pour mon mari, mais je n'aime pas faire l'amour avec la lumière allumée. Mis à part mes fesses, un peu plus grosses que je ne le voudrais, je ne suis pas particulièrement complexée, mais je ne suis pas à l'aise toute nue. Pourquoi tient-il à ce point à me regarder ?

Pour vous voir (et être certain que c'est bien à vous qu'il a affaire). « C'est votre physique qui éveille réellement notre désir. Votre corps est la petite étincelle qui lance le moteur », explique Harry, 29 ans. Dans les rapports amoureux, nous privilégions certes la vue, mais nous savons également solliciter tous nos sens pour manifester notre amour, notre tendresse et prendre plaisir à explorer votre corps. Vous ne voulez pas de lumière ? Tant pis. Vous préférez ne pas être totalement nue ? Soit. Vous ne souhaitez pas que je m'attarde par trop sur certaines parties de votre anatomie qui vous déplaisent ? Pas de problème. « J'adore la position d'Andromaque, mais ma compagne n'aime pas venir sur moi car elle est persuadée d'avoir du ventre et craint que je ne voie que ses bourrelets, confie Derek, 27 ans. Je serais bien plus heureux si elle se débarrassait de ses complexes et s'amusait dans toutes les positions imaginables, que si elle avait le plus beau corps du monde et attendait que ça se passe ! » Nous comprenons très bien que vous ayez certaines exigences pour être parfaitement détendues, mais une fois que nous cédons à vos caprices, détendez-vous vraiment et amusons-nous !

POURQUOI NE FAIT-IL RIEN POUR M'AIDER À MAIGRIR ?

Depuis ma grossesse, j'ai gardé des formes un peu trop prononcées. J'ai très clairement dit à mon mari que je ne me sens plus bien dans mon corps et que je souhaitais perdre du poids et manger plus diététiquement. Malheureusement, il n'est pas très coopératif. Il en fait presque un sujet tabou, refuse de m'accompagner à la gym – alors que ça ne lui ferait pas de mal, à lui non plus ! – et il n'essaie même pas de m'encourager. Je suis pourtant certaine qu'il serait ravi si je retrouvais ma silhouette de jeune fille. Pourquoi tant d'indifférence ?

Ce n'est pas de l'indifférence, mais de la sagesse : aborder un sujet aussi délicat que votre poids revient à se jeter dans la gueule du loup. « Quand ma femme s'est mise au régime, j'ai voulu l'encourager et l'aider en lui montrant des articles sur la diététique et les exercices de musculation, explique Louis, 44 ans. Mais au bout d'un moment, j'ai eu l'impression d'être plus un coach qu'un mari, et je me suis rendu compte que je la traitais avec un peu de condescendance. Elle n'a jamais protesté, mais c'est moi qui finissais par éprouver une certaine gêne. » D'après moi, votre mari esquive la question car il ne voudrait pas que vous puissiez penser que votre corps lui déplaît, ou que son amour est inversement proportionnel à votre poids. Il aimerait vous offrir le soutien que vous attendez, mais il craint que les besoins que vous exprimez ne correspondent pas exactement à ce que vous désirez réellement.

Ont-ils quelque chose contre la chirurgie esthétique ?

À 39 ans, j'ai perdu ma belle taille de sylphide. Je ne suis pas vraiment grosse, mais j'envisagerais volontiers un recours à la chirurgie esthétique pour retrouver un ventre plat et me faire relever un peu la poitrine. Quand j'en ai parlé à mon mari, la seule chose qu'il a trouvée à dire était que c'était de l'argent jeté par les fenêtres. C'est peut-être sa façon un peu bourrue de me dire que je lui plais comme je suis, mais pourquoi ne m'encourage-t-il pas, alors qu'il sait que je serais mieux dans ma peau ?

Je ne vous apprendrai rien en vous disant que les hommes sont des êtres étonnamment possessifs. Il serait ravi de vous voir retrouver un ventre plat, de jolis seins fermes et rebondis et une silhouette de jeune fille, mais l'idée que les centaines d'hommes qui vous croisent tous les jours en profiteront aussi le réjouit beaucoup moins. « Ma femme s'est fait refaire les seins et le ventre. Moralement, ça lui a fait énormément de bien. Mais depuis, elle en est presque devenue arrogante ! Elle se dandine, elle chaloupe, elle se pavane... Je ne la reconnais plus, se désole Joseph, 37 ans. Ces interventions l'ont littéralement métamorphosée, mais hélas, pas seulement physiquement. » La plupart des hommes préfèrent que leur épouse reste celle qu'ils ont toujours connue et qu'ils aiment, pourvu qu'elle soit elle-même et bien dans sa peau. Le changement ne leur inspire rien qui vaille, même si c'est un changement positif.

Petit précis de logique masculine

Trois choses que vous savez de nous :

- Nous aimerons d'autant plus votre corps que vous l'aimerez et que vous nous laisserez l'aimer.
- Peu de choses dans la vie nous procurent plus de plaisir que d'admirer, de toucher et de nous délecter de votre corps.
- Si vous voulez un avis impartial sur votre aspect physique, demandez à votre coach, à votre médecin... ou à vos copines. Nous avons sans doute notre opinion, mais si un jour nous vous disons autre chose que « tu es superbe », c'est que nous commencerons à dérailler sérieusement.

Un peu de tact...

Ne dites pas : Tu me trouves grosse ?
Dites : Comment me trouves-tu ?
Parce que : Il ne verra pas vos bourrelets si vous n'en parlez pas.

> *Ne dites pas :* Tu me trouves toujours sexy ?
> *Dites :* Qu'est-ce que tu es sexy !
> *Parce que :* Le meilleur moyen d'attirer des compliments est d'en faire.

Ne dites pas : N'allume pas ! Je ne veux pas voir ma cellulite.
Dites : J'adore faire l'amour dans le noir. Ça réveille mes instincts primaires.
Parce que : Gardez vos complexes pour vous, car pour lui vous êtes la plus belle et la plus désirable des femmes.

> **Drôles de zigs !**
> 43 % des hommes trouvent qu'une femme est plus sexy au lit avec des dessous que nue (avec, par ordre de préférence, les porte-jarretelles, les bas et les talons aiguilles).
> 58 % des hommes sont plus sensibles à une femme spirituelle qu'à une taille mannequin.

Décryptages

Il ne manque jamais un épisode des séries télé pour ados.

C'est une occasion rêvée de mater une brochette de jolies filles très court vêtues, mais beaucoup trop jeunes pour lui.

Il éteint la lumière pour faire l'amour

Il meurt d'envie de se régaler du spectacle de votre corps, mais il n'est pas très fier de ses poignées d'amour. Proposez-lui un éclairage tamisé.

Il vous complimente sur votre nouvelle coupe à la garçonne.

Il vous préférait avec les cheveux longs.

Question de femme

Il ne remarque jamais que je sors de chez le coiffeur, ni même que j'ai fait une couleur. C'est à se demander s'il me regarde. Et s'il me voit...

Pas d'inquiétude : il remarque tout. Mais il n'a pas le temps de dire ouf que vous lui avez déjà reproché de n'avoir rien remarqué, ajoutant que même vos copines ne comprennent pas qu'il ne s'intéresse jamais à ce genre de chose. Laissez-lui le temps de s'habituer à votre nouvelle tête et de préparer son compliment.

Mots coquins, mots câlins

La chose la plus sexy qu'une femme ait dite à Bonny, 24 ans :

« Grand fou ! »

La chose la plus sexy que Suzy, 33 ans, ait dite à un homme :

« Cambre-toi, beau gosse ! »

CHAPITRE 17

Pourquoi est-il si accro au boulot ?

Parce que l'idée de ne plus avoir une pile de dossiers devant lui le paralyse. Comment transformer un bourreau de travail en joyeux drille.

Messieurs, qu'est-ce qui vous ferait le plus plaisir ?	
Une augmentation de 50 %	35 %
Perdre 10 kilos immédiatement	29 %
Travailler moins, vivre mieux	17 %
Rien de tout cela	11 %
Sortir avec une vedette ou un mannequin	8 %

Notre acharnement au travail prend parfois des proportions telles que vous avez parfois le sentiment que notre vie professionnelle compte bien plus que notre vie privée... et que vous. Notre métier monopolise tout notre temps, notre attention et nos efforts, et vous ne comprenez pas que nous soyons incapables de vous consacrer un dixième de cette énergie.

À 34 ans, Byron est cadre dans une entreprise qui tente de s'imposer sur un secteur très compétitif. « Ma petite amie n'en peut plus, avoue-t-il. Je finis tard tous les soirs de la semaine, je retourne passer quelques heures au bureau le samedi, et le dimanche je rapporte des dossiers à la maison. Elle a fini par exploser, me reprochant de faire passer le travail avant tout, de trop en faire et de ne plus m'accorder un instant avec elle. J'ai bien essayé de lui expliquer que je n'ai pas vraiment le choix : si je me plains de ma surcharge de travail ou si je refuse des dossiers, je risque de passer pour un incompétent et, à terme, je n'aurai aucune chance de décrocher une promotion ou une prime. Elle pourrait comprendre, si je me faisais payer mes heures supplémentaires, mais elle n'admet pas que je travaille plus pour ne pas gagner plus. Elle a raison, mais ce n'est pas l'argent qui me motive. Je n'ai pas envie d'être un employé quelconque. Je veux être l'indispensable. »

Nous y voilà. C'est cette volonté d'être le seul et l'unique, l'incontournable et l'irremplaçable qui nous fait avancer. C'est l'instinct qui nous a poussés à vous séduire, et c'est celui qui nous incite à nous surpasser au travail. Pour un tiers des hommes, la réussite professionnelle est le deuxième critère qui définit le mieux leur personnalité, après les traits de caractère. Dans la mesure où nous sommes axés sur l'action, nous n'avons qu'une devise : dis-moi ce que tu fais, je te dirai qui tu es. Nous travaillons comme des damnés pour montrer ce que nous sommes, et surtout ce que nous valons. Nous ne pouvons pas envisager de vivre sans travailler : ce serait un échec personnel, une déception, voire une tare. Nous pouvons tolérer de perdre notre emploi car nous en trouverons toujours un autre, mais nous ne supportons pas d'être soupçonnés d'incompétence ou de médiocrité.

Jeremy, 42 ans, est vice-président d'une grande société new-yorkaise. Son épouse, qui travaille également, a tiré la sonnette d'alarme : elle en a assez de le voir travailler du matin au soir et ramener ses soucis à la maison. « Nous avions programmé de longue date trois jours en amoureux à Miami et, la veille du départ, un dossier urgent m'est tombé dessus. Nous sommes tout de même partis, mais j'ai emmené mon ordinateur et j'ai bossé trois heures le premier jour et six heures le lendemain, soupire-t-il. Ça a été la goutte d'eau ! Je n'avais pas le choix, mais ma femme ne voyait pas du tout les choses du même œil : d'après elle, j'aurais pu dire à mon patron et à mon client que je n'étais pas disponible et que je ne pourrais m'y mettre qu'à mon retour. Pour moi, c'était impensable. Je lui ai tout de même rappelé que si nous avons les moyens de voyager et de prendre des vacances, c'est justement parce que je me décarcasse au boulot. »

Depuis, Jeremy et sa femme ont passé un accord : ils essaient de prendre deux semaines de vraies vacances par an, et de s'offrir plusieurs petits voyages à intervalles réguliers. Et puisqu'il est obligé de rester en contact avec son entreprise, il a accepté d'éteindre son téléphone portable une semaine par an – advienne que pourra. « Ce n'est pas idéal, mais c'est mieux », convient-il.

Comme tout être normalement constitué, nous préférerions de loin être à la plage qu'au clavier, ne pas ramener nos soucis à la maison et diviser par cent notre temps de travail. Mais l'orgueil, la nécessité et la peur de faillir à notre réputation contrarient toutes nos pulsions hédonistes.

POURQUOI EST-IL INCAPABLE DE LEVER LE PIED ?

Mon mari travaille près de 80 heures par semaine. Tous les soirs en rentrant, il se détend une heure, et repart deux heures devant son ordinateur. Le samedi, il s'y recolle. Ce n'est pas l'appât du gain, mais plutôt le zèle qui le motive. Je peux comprendre qu'il veuille bien faire et monter en grade, mais l'enjeu vaut-il qu'il sacrifie à ce point notre vie de couple ? Il a mis le doigt dans l'engrenage, et plus il en fait, moins il en voit le bout. Pourquoi n'apprend-il pas à déléguer ou à repousser les délais pour faire une place à sa vie privée ?

Dans son esprit, il ne s'agit pas d'un choix entre vous et ses dossiers, mais d'une responsabilité à laquelle il ne peut se dérober. « Ma femme pense que si je passe plus de temps au bureau, c'est parce que le travail passe avant elle, dit Conner, 30 ans. C'est faux, mais je n'ai aucun autre moyen de gérer ma vie professionnelle. Je ne sais pas si elle se rend bien compte du stress que je subis jour après jour pour rester performant si je veux réussir et gagner suffisamment d'argent pour nous assurer un train de vie correct. » Beaucoup d'hommes ont la désagréable impression d'être en permanence sur un siège éjectable. Ils redoublent de zèle pour se rendre indispensables et sont incapables de lâcher prise, car s'ils s'arrêtent, ils craignent que tout le reste s'arrête aussi.

Il change d'emploi comme de chemise. Dois-je m'inquiéter ?

Depuis quatre ans que je le connais, il a changé pas moins de six fois de travail. Toujours dans le même domaine, c'est vrai (l'informatique). Mais il n'a que 33 ans, et pour son âge, je le trouve plutôt instable. C'est systématiquement le même scénario : il décroche un poste, se dit enchanté de son boulot, de ses collègues et des supérieurs pendant quelques mois, et un beau jour, il se plaint d'être mal traité, dit qu'il n'en peut plus et colle sa démission avec pertes et fracas. Je comprends ce besoin de changement, mais là, j'ai le sentiment qu'il y a quelque chose qui cloche. Est-ce moi qui dramatise ?

Je ne suis pas son psy, et je serais bien en peine de dire s'il a choisi la bonne stratégie pour sa carrière. Comme vous, je suis toutefois un peu sceptique, et je me demanderais si c'est vraiment lui qui n'est pas satisfait, ou ses employeurs. A-t-il le chic pour se donner le beau rôle et se faire virer sans perdre la face, ou bien fait-il preuve d'audace car il est conscient de sa valeur et est sûr de trouver mieux chaque fois ? À votre place, je tenterais de savoir s'il court vers quelque chose ou s'il fuit quelque chose, car la question touche directement votre couple.

Pourquoi ne s'investit-il pas avec la même énergie à la maison qu'au bureau ?

Il y a quelques jours, mon mari a voulu reboucher un trou dans le mur. Résultat : un horrible pâté informe ! J'étais furieuse qu'il bâcle le travail à ce point, et je lui ai fait remarquer que c'était tout de même étrange qu'il se donne corps et âme dans son travail et passe pour la star de sa boîte, et qu'il ne soit pas fichu de mettre une once de bonne volonté à la maison. Il était désolé d'avoir raté son coup, mais il m'a assuré qu'il avait fait de son mieux. C'est classique, chez lui : il met les bouchées doubles pour son travail, et rien pour la maison. Qu'en penser ?

Visiblement, son fan-club professionnel remplirait un petit stade. À la maison, il n'y a que vous pour le voir à l'œuvre. Il pense (à tort) que vous aurez l'indulgence d'accepter ses lacunes et ses failles, alors qu'au bureau, personne ne lui fera de cadeau. « Ma femme me reproche d'expédier tout ce que je fais à la maison, en soulignant que je ne me permettrais jamais autant de laisser-aller au bureau, témoigne Xavier, 30 ans. Elle n'a pas tort, mais je ne le fais pas exprès. Pour être franc, je n'ai pas l'énergie de tout faire à la perfection au bureau *et* à la maison. »

PETIT PRÉCIS DE LOGIQUE MASCULINE

Trois choses que vous savez de nous :

- Nous travaillons pour satisfaire toutes sortes de besoins élémentaires – et aussi pour nous faire valoir.
- Pour gravir les échelons de la hiérarchie, nous nous sentons obligés de mettre les bouchées doubles. Notre terreur : voir notre carrière s'effondrer au moindre faux pas et devoir tout recommencer à zéro.
- Notre manque de disponibilité nous culpabilise déjà assez comme cela. Laissez-nous le temps de souffler

avant de nous accabler de reproches, nous serons plus ouverts au dialogue et nous chercherons avec vous le moyen de mieux cloisonner travail et vie privée.

Un peu de tact...
Ne dites pas : Tu as encore rapporté des dossiers à la maison ?
Dites : On pourrait se prévoir une petite soirée en amoureux, cette semaine ?
Parce que : Vous l'aiderez davantage en demandant ce que vous voulez qu'en vous plaignant de ce que vous n'avez pas.

> *Ne dites pas :* Tu travailles trop.
> *Dites :* Tu travailles tellement que ça te ferait du bien de sortir un peu.
> *Parce que :* Sans votre soutien moral, il aura encore plus de mal à résister au stress.

Ne dites pas : Si tu perds ton boulot, on s'en tirera toujours.
Dites : Si tu perds ton boulot, tu trouveras mieux.
Parce que : Votre confiance lui donne de l'assurance.

DÉCRYPTAGES

À son âge, il porte encore des maillots de footballeur.

Cela peut vous paraître ridicule ou infantile, mais passé 25 ans, les hommes se raccrochent au sport pour se rassurer sur leur virilité, réveiller leur esprit de compétition et, dans bien des cas, mettre un peu de passion dans leur vie.

Il m'annonce qu'il rentrera encore tard du bureau.

Soit il veut prendre de l'avance sur son travail, soit il veut éviter de prendre du retard. Ça ne veut pas nécessairement dire qu'il va dîner avec une belle inconnue.

Il passe le week-end à ranger la maison de fond en comble.

Il défoule ses frustrations de la semaine. Nettoyer, organiser, désencombrer l'aident à gérer le travail, les détails, le stress.

Question de femme

Pourquoi les hommes se donnent-ils tant de mal à essayer d'être drôles en société ? À trop en faire, ils en deviennent insupportables.

Parce que dans tous les films, toutes les émissions de télévision, toutes les revues people, tous les articles de presse, toutes les soirées entre filles et toutes les situations de la vie, les femmes répètent à l'envi que la qualité première d'un homme est son sens de l'humour.

> **Drôles de zigs !**
> 8 % des hommes estiment que leur compte en banque est ce qui les définit le mieux, après leur personnalité. 63 % des hommes trouvent plutôt excitant de sortir avec une femme qui gagne plus qu'eux.

Mots coquins, mots câlins

La chose la plus sexy qu'une femme ait dite à Cam, 30 ans :

« Je n'ai pas de culotte. »

La chose la plus sexy qu'Alexis, 28 ans, ait dite à un homme :

« Tu as été mis sur cette terre pour que je te fasse l'amour tous les jours jusqu'à la fin des temps. »

CHAPITRE 18

Grand dragueur, grand timide ou grand balourd ?

Ne vous laissez pas abuser par son entrée en matière : est-ce une perle qui ne trouve pas ses mots, ou un beau parleur qui sait se vendre ?

Messieurs, sur quoi êtes-vous prêts à mentir pour séduire ? (Plusieurs réponses possibles)	
Ma libido débridée	58 %
Mes revenus	35 %
Ma volonté de m'engager	34 %
Ma situation de famille	20 %
Autre chose	20 %

Ça y est nous vous avons repérée. Là-bas. Oui, vous. Vous qui passez langoureusement la main dans vos cheveux, avec ces yeux qui pétillent quand vous riez, vous, dans ce petit pull moulant au décolleté en V qui produit ce délicieux frisson qui nous parcourt l'échine. Et au premier regard, nous avons envie de nous jeter à vos pieds pour vous réciter des poèmes inspirés au lieu de vous regarder béatement. Mais voilà : un gouffre nous sépare et, pour vous rejoindre, nous devons affronter un pont suspendu sans garde-fou qui balance dangereusement au-dessus de l'abîme. Le risque : une gamelle vertigineuse en public.

La traversée est tentante, mais vous comprendrez que nous hésitons à poser le pied sur la passerelle. Pour preuve...

- « *Sous nos allures de fiers-à-bras, nous avons une peur bleue qu'elle nous envoie balader. C'est aussi bête que ça.* » (Brad, 29 ans)

- « *La plupart des hommes manquent d'assurance pour aborder une jolie femme, même si sur le coup, ils ne pensent pas au sexe.* » (Jeffrey, 31 ans)

- « *J'écume les bars avec les copains, mais chaque fois que j'ai envie d'adresser la parole à une fille, c'est l'angoisse du gardien de but au moment du penalty : je ne sais pas si je vais me prendre le ballon en pleine poire, le rater ou l'attraper.* » (Zach, 24 ans)

- « *Nous avons parfois envie d'être le gibier. Il n'y a rien de plus sexy que de se faire draguer par une fille.* » (Craig, 30 ans)

- « *Les hommes sont terrifiés à l'idée de se faire rembarrer. Je préfère risquer le célibat à vie qu'un râteau.* » (Oliver, 34 ans)

Certains ont incontestablement suffisamment d'aplomb, d'assurance et de charisme pour aborder n'importe qui n'importe quand, dans n'importe quel contexte – ou en donnent tout au moins l'impression. Mais nous sommes bien plus nombreux à préférer plonger le nez dans un bouquin qu'oser approcher une fille, surtout si elle est avec des copines. Parce que c'est le type de situation qui nous expose le plus à un rejet.

Jeff, 24 ans, a croisé dans un restaurant une femme qu'il avait brièvement rencontrée par l'intermédiaire d'un collègue. Sur le moment, ils ont à peine eu le temps d'échanger quelques mots. « Je serais incapable de dire à quoi ça tenait, mais il y a eu un déclic, dit-il. J'ai attendu deux jours et je l'ai appelée pour l'inviter à boire un pot. Neuf mois ont passé, et nous sommes toujours ensemble, mais je ne lui ai jamais avoué que j'avais passé une heure entière à me ronger les sangs en me demandant ce que je pourrais bien lui dire quand elle décrocherait. J'étais plus nerveux qu'un collégien, parce que je ne voulais surtout pas rater mon coup. »

La partie était pourtant relativement facile, puisque les présentations avaient déjà plus ou moins été faites. Aborder une parfaite inconnue est une tout autre paire de manches ! Charles, 34 ans, avoue être totalement démuni dans ce genre de situation. « Je suis célibataire, j'ai une bonne situation, je ne suis pas mal de ma personne, et j'ai l'habitude de m'exprimer en public. Mais dès qu'il s'agit de faire le premier pas avec une fille, je coince ! Je me crispe, je suis incapable d'aligner deux mots et je perds tous mes moyens. Je me demande combien d'occasions j'ai ratées à cause de cette timidité maladive. »

Nous pourrions d'ailleurs vous retourner la question, mesdames : combien de perles avez-vous laissées filer parce que vous n'avez pas osé faire le premier pas à leur place ? Vous avez aussi votre rôle à jouer : si nous vous avons tapé dans l'œil, rien ne vous interdit de nous tendre la main pour nous aider à traverser le redoutable pont suspendu. Un simple signe d'encouragement nous fera comprendre que la voie est sûre et que vous ne nous enverrez pas dinguer au fond du ravin. Un petit sourire aura raison de toutes nos réticences. Mieux encore : faites la moitié du chemin.

J'ATTENDS QU'IL FASSE LE PREMIER PAS, MAIS RIEN NE VIENT. QU'EST-CE QUI LE RETIENT ?

Je craque complètement pour un collègue. Il est intelligent, drôle et ne se prend pas trop au sérieux. Je sais qu'il s'est séparé de sa petite amie il y a quelques mois. Je suis célibataire et je me verrais très bien dans ses bras, mais je n'ose pas faire le premier pas. Je lui ai tendu plus d'une perche – en m'arrêtant un peu plus souvent que d'habitude à son bureau, en l'invitant à déjeuner avec des collègues de mon service – mais il ne réagit pas. Il n'a pas saisi le message ?

Certains types sont bouchés à l'émeri. Ils essaient de décoder vos signaux en morse mais, malgré leur longue expérience, ils ont souvent tout faux. Dans ce cas précis, il se peut qu'il ait capté votre signal. Soit il n'est pas certain d'avoir envie de sortir avec une collègue, soit il a déjà un œil sur quelqu'un d'autre. Dans le premier cas comme dans le second, il semble que vous n'y allez pas assez fort. Au lieu de l'inviter avec d'autres collègues, jouez franc jeu et proposez-lui un tête-à-tête. Nous aimons beaucoup flirter, mais nous aimons plus encore les femmes qui n'ont pas froid aux yeux. « Dans ma vie, je n'ai connu que trois femmes qui ont eu assez d'audace pour me draguer, déplore Kyle,

30 ans. Et qu'elles me plaisent ou non, je ne connais rien de plus excitant qu'une femme qui vous aborde, qui vous drague et qui lance la conversation. Non seulement ça nous libère de toutes nos angoisses, mais en plus ça nous impressionne drôlement qu'une femme soit capable de faire ce que nous n'arrivons pas à faire. »

Qu'est-ce qui les décide à nous draguer ?

Je n'ai pas vraiment de profil type pour l'homme idéal, mais je sais reconnaître un type qui me plaît. Je regarde son physique, sa façon de s'habiller, et sa façon de se tenir. Je me demande si un homme a les mêmes critères pour juger une fille. Sur quoi se fonde-t-il pour nous aborder ? Sur le physique, bien sûr, mais s'il n'y a que des belles filles dans la salle, comment choisit-il celle qu'il va draguer ?

Impossible à savoir. Dans un premier temps, un homme fonctionne comme un ordinateur de la NASA : il capte immédiatement toutes les données sur l'apparence physique et la longueur d'onde de ses proies, puis les traite en une fraction de milliseconde. Il lance ensuite le dispositif d'observation : il mate, réfléchit, pèse le pour et le contre. Il jette encore un œil pour vérifier. Demande à ses copains ce qu'ils en pensent. Lorgne encore un coup dans votre direction. Et il finit généralement par rentrer tout seul à la maison car il a passé tellement de temps à préparer son approche qu'il a raté le moment propice. Il garde sans doute son radar braqué sur vous, mais il lui faudra un bon moment avant d'oser passer à l'offensive.

COMMENT PEUVENT-ILS ÊTRE AUSSI CONSTERNANTS ?

Un type m'a abordée dans un bar, m'a toisée de la tête aux pieds et m'a demandé si je m'étais fait mal... Parce que j'étais sans doute un ange tombé du ciel. Nul. Rien, mais alors absolument rien ne m'impressionne chez un mec qui va chercher son entrée en matière dans un film de série B. Comment peuvent-ils songer séduire une femme avec des banalités pareilles ?

Pas facile de trouver la phrase qui tue ! D'autant moins que, comme vous le savez, en matière de communication, nous ne vous arrivons pas à la cheville. Il faut tout de même que vous vous rendiez compte qu'un homme qui vous aborde de but en blanc a sept secondes pour savoir si vous allez lui sourire ou lui tourner le dos. Notre arsenal poético-littéraire est trop pauvre pour nous permettre de vous séduire en moins de 25 mots, et nous tentons donc notre chance avec le premier truc qui nous passe par la tête. « Mes copines me disent toutes que nos entrées en matières sont déplorables, mais ça marche tout de même souvent parce que nous sommes tellement nuls que ça les fait rire », assure Jerry, 32 ans. Nous savons ce que nous sommes censés faire pour mériter votre attention – poser des questions, lancer une conversation naturelle – mais avant d'en arriver là, encore faut-il établir un premier contact. Donnez-nous un peu de temps pour trouver une entrée en matière... et accordez-nous le bénéfice du doute.

PETIT PRÉCIS DE LOGIQUE MASCULINE

Trois choses que vous savez de nous :

• Nous vous abordons front haut, torse bombé, un sourire ravageur aux lèvres, mais en réalité, le trac nous noue l'estomac !

• Votre don pour arrêter tous les buts que nous essayons de marquer nous laisse pantois. Nous ne demandons qu'à jouer avec vous, mais de grâce renvoyez-nous la balle de temps en temps.

• Nous mettrons plus de temps que vous ne le pensez à nous jeter à l'eau. Et nous ne voyons aucun inconvénient à ce que vous fassiez le premier pas, au contraire.

Un peu de tact...

Ne dites pas : Tu fais quelque chose ce week-end ?
Dites : Si on dînait ensemble, samedi ?
Parce que : La plupart des hommes sont trop modestes pour prendre vos allusions pour des avances.

> *Ne dites pas :* Parle-moi de ton métier.
> *Dites :* Parle-moi de tes passions.
> *Parce que :* C'est lui qui vous intéresse, pas son salaire.

Ne dites pas : Bon, il commence à se faire tard.
Dites : Si on allait finir la soirée dans un endroit un peu plus calme ?
Parce que : Les hommes ont peur de se déclarer trop vite et trop tôt. Indiquez-lui clairement que vous avez envie d'aller plus loin.

> *Ne dites pas :* On reprend une bière ?
> *Dites :* Que c'était doux, ce premier baiser !
> *Parce que :* Un petit encouragement lui donnera de l'assurance, et vous avez tout à y gagner.

Décryptages

Il est tout seul à une table de café.

Il profite d'un moment de solitude, mais il n'est pas forcément tout seul dans la vie.

Au bout d'une semaine, il m'invite à dîner chez lui et met les petits plats dans les grands.

Il sait que ses talents culinaires vous feront fondre et, en vous recevant dans son appartement décoré avec goût et parfaitement rangé, il veut vous montrer qu'il est le compagnon idéal. Et au cas où, il a même repassé sa plus belle housse de couette.

Il enregistre son numéro sur mon portable.

Il espère un SMS dans les 24 heures. La balle est dans votre camp.

Question de femme

Il a installé un miroir devant le lit, mais quand nous faisons l'amour, c'est lui qu'il regarde. Et moi, je ne l'intéresse pas ?

Oh, que si ! Détrompez-vous : il ne se regarde pas, il regarde ce que vous êtes en train de lui faire.

> **Drôles de zigs !**
> 33 % des hommes préfèrent le rôle du séducteur célibataire à celui du mari.

Mots coquins, mots câlins

La chose la plus sexy qu'une femme ait dite à Justin, 29 ans :

« Merci. »

La chose la plus sexy qu'Amelia, 28 ans, ait dite à un homme :

« Tu es très élégant, mais je te préférerais nu. »

CHAPITRE 19

Pourquoi tant de précipitation ?

Comment lui faire perdre sa fâcheuse manie d'expédier les préliminaires et lui donner envie de faire durer le plaisir.

Messieurs, qu'attendriez-vous de votre vie sexuelle pour être pleinement satisfait ?	
Plus de sexe	40 %
Des préliminaires plus longs	30 %
Des fellations plus fréquentes ou plus soignées	18 %
Plus de passion	12 %

Si nous sommes égaux devant le feu de la passion, nous réagissons très différemment dans le feu de l'action : les femmes sont des braises et rêvent de se consumer lentement et d'entretenir longtemps le feu, tandis que les hommes sont des lance-flammes qui s'embrasent vite et bien, pour aussitôt s'éteindre. Ce cliché a la vie dure. Sachez toutefois, mesdames, que l'expérience masculine du sexe ne se résume pas à une secousse de quelques minutes, fort au contraire. Si vous leur en donnez l'occasion, ces messieurs prennent également un plaisir infini à incendier de leurs lèvres, de leur langue et de leurs mains expertes le moindre centimètre carré de votre épiderme.

Nous n'avons bien entendu rien contre les petits coups vite faits, mais ils sont à notre sens à l'amour ce que la pizza au micro-ondes est à la gastronomie : un pis-aller pour satisfaire en moins de temps qu'il n'en faut pour le dire une fringale irrépressible. Pourtant, si nous apprécions ces ébats furtifs c'est parce que, outre nos instincts les plus bas, ils assouvissent aussi nos plus beaux fantasmes.

Doug, 26 ans, vit en couple depuis environ un an et adore jouer avec sa compagne à ce qu'il appelle « la course de dragster » : c'est pour lui un défi ludique qui lui permet de tester le temps qu'il lui faut pour passer du point mort à la vitesse maximale. « Ce n'est pas une habitude, mais cela nous amuse de temps en temps, lorsque l'on doit aller quelque part, ou bien lorsque l'on doit se cacher. Au début de notre relation, dans des soirées, nous nous enfermions quelques minutes dans la salle de bains. C'était très excitant, car c'était rapide et risqué. »

Dans d'autres situations, la minute canaille présente un autre attrait, tout aussi irrésistible : c'est un excellent moyen d'évacuer rapidement notre stress.

« Il y a des moments où j'éprouve un besoin impérieux de faire l'amour – juste pour relâcher la tension. Je ne suis pas certain que ma femme puisse comprendre cela, concède Reed, 34 ans. Je suis sous pression toute la journée au bureau, je me fais beaucoup de souci pour le travail, et le sexe est l'une des rares choses qui me changent les idées. Bien entendu, la tendresse a aussi sa part, mais il arrive que je sois trop envahi par mes problèmes pour prendre le temps de ces longs câlins que nous aimons tant tous les deux. »

Reed n'est pas le seul à apprécier autant les bienfaits de l'orgasme express que des longues après-midi langoureuses sous la couette. 31 % des hommes regrettent que les préludes amoureux ne durent pas assez longtemps. Les témoignages que nous avons recueillis font en effet apparaître une constante : les plus belles expériences sexuelles sont celles où chaque partenaire prend le temps de séduire, d'aguicher, de se mettre en condition, de s'attarder sur les préliminaires, de jouer avec le corps de l'autre, pour enfin profiter pleinement du grand corps-à-corps, grâce à tout ce qui l'a précédé.

- « *Nous avions passé la soirée dans un bar à écouter de la musique, siroter des daiquiris et traîner entre amis. Nous étions si détendus qu'en rentrant, nous avons eu envie de continuer à nous amuser toute la nuit sous les draps. C'était fabuleux !* » (Gregory, 23 ans)

- « *Nous nous arrêtions souvent pour faire durer le plaisir en intercalant des caresses et des petits jeux coquins. Le pied que j'ai pris ce jour-là dépassait tout ce que j'avais pu connaître jusqu'alors.* » (Alan, 32 ans)

- « *J'étais en voyage d'affaires avec une associée que je draguais plus ou moins depuis quelques mois. Nous nous entendions bien, mais nous n'étions jamais passés à l'acte. Au cours de ce voyage, nous avons passé la journée à échanger des petites caresses furtives, des effleurements... C'était plus fort que nous. Après dîner, nous avons fini dans sa chambre devant la télé et une bouteille d'excellent vin. Le lendemain matin quand je me suis réveillé, elle était là, nue, tout contre moi.* » (Peter, 37 ans)

Demandez aux hommes ce qu'ils pensent des préliminaires, ils vous surprendront :

- « *Nous adorons ça ! Si vous nous en prodiguiez un peu plus, nous vous le rendrions bien.* » (Lyle, 36 ans)

- « *Si vous voulez nous faire plaisir, occupez-vous de nous de temps en temps. Il n'y a pas que le sexe oral dans la vie : les attentions plus sensuelles sont aussi les bienvenues.* » (Carlton, 34 ans)

- « *Les hommes raffolent des préliminaires, et plus encore quand leur partenaire manifeste sans retenue son désir.* » (Keith, 34 ans)

Les femmes ont un peu tendance à oublier que pour un homme, la simple perspective de faire l'amour peut être tout aussi excitante et grisante que l'orgasme proprement dit. Contrairement à ce que vous pensez, nous ne nous focalisons pas sur la destination, mais nous avons envie de profiter de chaque étape du voyage, en sollicitant tous nos sens et en donnant le meilleur de nous-mêmes pour partager les joies de l'aventure.

Au moindre geste tendre, il ne pense qu'à me sauter dessus

Chaque fois que j'embrasse mon ami ou que je le prends dans mes bras, il prend cela pour une invitation au voyage. Je n'ose même plus lui faire un massage, car il en déduira automatiquement que nous ferons l'amour après. Pourquoi espère-t-il que nous finirons sous les draps chaque fois que je lui manifeste des signes d'affection ?

Ce n'est pas tant qu'il l'espère, mais qu'il en meurt d'envie. Pour vous, le contact physique est une marque d'affection ; pour nous, le moindre effleurement entre adultes consentants correspond au coup d'envoi d'un marathon. C'est signe que quelque chose s'annonce, et nous nous mettons dans les starting-blocks. « Ma femme se plaint qu'elle ne peut plus me caresser les cheveux sans que je démarre au quart de tour, déplore Fred, 40 ans, marié depuis six ans. C'est peut-être pathologique, mais dès qu'elle me touche, ça m'excite – même si c'est un geste innocent. » Les hommes devraient certainement se raisonner un peu pour comprendre que toute caresse n'a pas forcément une connotation de désir sexuel, mais dans la mesure où notre moteur tourne en permanence, pour peu que vous passiez une vitesse, nous avons aussitôt le réflexe d'appuyer sur l'accélérateur.

COMMENT SORTIR DE LA ROUTINE ?

Chaque fois que nous faisons l'amour, j'ai l'impression d'avoir déjà vu le film, de connaître toutes les scènes par cœur et surtout la fin : on se déshabille, il m'embrasse pendant une ou deux minutes, puis il me caresse les seins, me stimule un peu, et part du principe que je suis prête à passer aux choses sérieuses. Ce n'est pas désagréable, mais j'aimerais qu'il s'attarde sur mon corps tout entier. Pourquoi a-t-il tant de mal à varier un peu les plaisirs et à prendre son temps ?

D'une part, il se stimule autant qu'il essaie de vous stimuler – et en général, dès qu'il vous a caressé les seins, il est prêt. D'autre part, vous avez visiblement vos petites habitudes sexuelles. Vous faites l'amour à des moments précis de la semaine, à la même heure du jour ou de la nuit et de la même façon. Dans ces conditions, rien de surprenant à ce qu'il suive scrupuleusement la même recette pour les préliminaires. Il pourrait certes faire un petit effort d'imagination, mais vous pouvez également prendre le contrôle des opérations. « Les câlins les plus torrides avec ma femme sont ceux qui nous tombent dessus au moment où nous les attendons le moins, assure Lawrence, 27 ans, marié depuis deux ans. Je me rappelle en particulier du jour où, entre deux rayons de supermarché, elle m'a embrassé dans le cou et m'a susurré à l'oreille : "J'ai envie de toi." Nous sommes rentrés illico à la maison. Les préliminaires ont commencé dans la voiture, et nous avons fini nus et en nage sur la moquette. »

SI UN HOMME FAIT RÉGULIÈREMENT L'AMOUR, POURQUOI CONTINUE-T-IL À SE MASTURBER ?

Mon compagnon doit se lever une demi-heure avant moi pour partir au travail. Un matin, il était dans la douche et je me suis levée pour le rejoindre. Je l'ai surpris en pleine masturbation. Je sais que c'est typiquement masculin, mais je pensais qu'il n'en éprouverait plus le besoin puisque nous faisons l'amour trois ou quatre fois par semaine. Je me demande s'il se masturbe souvent et pourquoi je n'ai pas su le satisfaire. Qu'est-ce qui fait qu'un homme a envie de jouer en solo, même si sa compagne lui offre une vie sexuelle très active ?

Trevor, 32 ans, est un homme comblé : il fait l'amour deux fois par semaine et n'a rien à reprocher à son épouse, fort au contraire. « Ma femme est merveilleuse, mais j'ai parfois besoin de me prendre en main tout seul, explique-t-il. Quand j'ai du mal à m'endormir, je me masturbe doucement et ça me calme. Les femmes pensent que la masturbation est un acte éminemment sexuel, et elles l'associent à une absence de désir ou à une insatisfaction. Or, ça n'a rien à voir : c'est un calmant qui ne nous procure pas un vrai plaisir sexuel. » Votre compagnon est sans doute très heureux de vos prestations – et a toutes les raisons d'être satisfait de la fréquence de vos rapports. Mais il peut parfois avoir envie d'un petit exutoire rapide, et pour y parvenir, il prend le plus court chemin. Il faut aussi savoir que plus on a une vie sexuelle active et épanouie, plus le corps a besoin d'exulter. Entre ses souvenirs, ses fantasmes et votre exemplaire de *Cosmo*, il ne manque pas de sources d'inspiration pour s'amuser tout seul, mais il préfère de loin jouer avec vous. Si vous n'êtes pas dans les parages au moment où ça nous prend, nous nous résoudrons à un plaisir solitaire. Mais plutôt qu'avec les choses qui peuvent l'inciter à s'amuser tout seul (des souvenirs, des fantasmes, votre exemplaire de *Cosmo*), il préfère généralement jouer avec vous. Sur l'échelle de satisfaction, nous préférons le faire tout seul que pas du tout. Mais rien ne vaut l'enchevêtrement de nos deux corps enflammés !

PETIT PRÉCIS DE LOGIQUE MASCULINE

Trois choses que vous savez de nous :

• Trente secondes nous suffiraient à atteindre l'orgasme, mais nous préférons attendre une demi-heure.

• Il en est de l'amour comme d'une fête : c'est pendant les préparatifs que l'on s'amuse le mieux. L'organisation, la fébrilité et la promesse d'un grand feu d'artifice expliquent que nous aimions autant les préliminaires que le plat de résistance.

• Pour nous, le sexe peut aussi bien être une façon d'évacuer le stress qu'un moment de tendresse privilégié.

Un peu de tact...

Ne dites pas : Tu pourrais t'occuper un peu plus longtemps de moi au lieu de ne penser qu'à toi !

Dites : Allons tout doucement. Je veux savourer chaque seconde.

Parce que : Sauf à avoir des tendances maso, il n'a pas envie de coucher avec un caporal-chef. Au lieu d'aboyer des ordres, prenez-le par la flatterie.

> *Ne dites pas :* Retiens-toi !
>
> *Dites :* Dis-moi si tu ne peux plus te retenir.
>
> *Parce que :* Le temps que vous le disiez, il sera déjà trop tard.

Ne dites pas : Rien.

Dites : Oooh, qu'est-ce que tu viens de me faire, là ? C'était délicieux. Tu peux recommencer ?

Parce que : Si vous lui dites précisément ce que vous aimez, il redoublera d'attentions... et se montrera encore plus aventureux.

> *Ne dites pas :* Tout compte fait, c'est mieux avec mon sex toy.

Dites : Mon petit canard aimerait bien jouer avec nous, aussi.
Parce que : Si vous ne le mettez pas en concurrence avec un jouet mécanique, il sera partant.

DÉCRYPTAGES

Il fait tout pour que j'atteigne le septième ciel avant lui.

Il prend un plaisir infini à vous donner du plaisir, mais en se retenant, il livre un terrible combat physiologique. Il aurait envie de se laisser aller, mais il sait que sa patience sera récompensée au centuple.

Il me propose un massage.

C'est beaucoup plus élégant que de vous demander d'enlever le haut.

Il m'embrasse dans le cou.

Il est persuadé que dans quelques minutes, ses lèvres descendront le long de votre colonne vertébrale.

QUESTION DE FEMME

Pourquoi lui faut-il du hard rock à plein tube et des spots de couleur pour se mettre en condition ?

Il rêve d'autre chose que faire l'amour sur une plage déserte ou vous susurrer des mots tendres sur fond de rhapsodie de Liszt. Ses fantasmes sont parfois un peu plus vigoureux... voire inavouables. Vous voulez tout savoir ? Essayez une promenade en minijupe dans un bois au clair de lune... Et attendez-vous à découvrir le loup qui sommeille en lui.

> **Drôles de zigs !**
> 50 % des hommes ont l'impression d'être beaucoup plus actifs que leur compagne sous la couette.
> 24 % ont refusé de répondre à cette question.
> 71 % des hommes aimeraient parvenir à faire durer le plaisir plus longtemps.

Mots coquins, mots câlins

La chose la plus sexy qu'une femme ait dite à Jake, 36 ans :

« Tu es le meilleur amant que j'aie connu. »

La chose la plus sexy que Daniela, 22 ans, ait dite à un homme :

« Tu veux que je te montre mon tatouage ? »

Ce qu'ils ont à vous dire sur le sexe

• « *Nous aimons ça, mais il n'y a pas que ça dans notre vie.* » (Terry, 30 ans)

• « *Le sexe est un puissant catalyseur pour un couple.* » (Nicholas, 27 ans)

• « *Ça ne peut jamais être trop. Pour un homme, il n'y a rien de plus beau qu'un corps de femme. Chaque fois, j'ai l'impression d'être face à une œuvre d'art et j'aime autant toucher qu'être touché.* » (Vic, 37 ans)

- « *Le sexe, c'est la récompense de l'amour.* » (Benjamin, 34 ans)

- « *Chez l'homme, l'appétit sexuel ressemble beaucoup à l'appétit tout court. Après l'orgasme, il n'éprouve plus le besoin de revenir au buffet. Il a juste envie de fermer les yeux et de s'endormir. Quelques-uns poussent la politesse à accepter de reprendre du dessert. C'est l'équivalent masculin de la simulation.* » (Dave, 30 ans)

- « *Nous n'avons pas plus envie que les femmes d'être au garde-à-vous à toute heure du jour et de la nuit.* » (Andre, 24 ans)

- « *On remet le couvert quand vous voulez.* » (Neal, 36 ans)

- « *Nous avons besoin de faire l'amour régulièrement pour éviter que la mécanique ne rouille.* » (Aidan, 23 ans)

- « *Ne vous sentez surtout pas obligées de coucher avec nous pour nous faire plaisir. Si vous avez envie d'une vraie relation, le sexe sert d'abord à consolider des liens affectifs.* » (Karl, 31 ans)

- « *En son for intérieur, un homme tient avant tout à combler sa partenaire. Son plaisir à lui n'est que la cerise sur le gâteau.* » (Lars, 37 ans)

- « *Baiser c'est rigolo, mais faire l'amour c'est mieux.* » (Billy, 25 ans)

- « *Déchaînez-vous sur nous.* » (Bob, 30 ans)

- « *Assumez votre féminité et votre sexualité et faites-nous sentir que vous y prenez plaisir. Surprenez-nous en glissant une photo de vous un peu coquine dans notre portefeuille. Envoyez-nous un e-mail pour nous dire ce que vous portez... ou pas. Dites-nous ce qui vous excite.* » (Vincent, 29 ans)

- « *L'acte sexuel peut être émotionnel, physique ou spirituel, mais pas forcément les trois en même temps.* » (Marc, 38 ans)

- « *Ce sont les préliminaires qui nous excitent le plus.* » (Les, 42 ans)

- « *La variété c'est bien, l'intensité c'est formidable, l'enthousiasme c'est top.* » (Jesse, 23 ans)

- « *N'utilisez vos dents qu'avec notre permission.* » (Brad, 26 ans)

- « *En vous déshabillant, pensez aussi à vous débarrasser de vos complexes et de vos principes.* » (Chuck, 30 ans)

Chapitre 20

Quelle est sa pire terreur ?

Ne pas être votre héros et celui de ses enfants.
Aidez-le à maîtriser sa peur de l'échec et
à prendre sa place de mari et de père idéal.

Messieurs, quel rôle jouait votre père ?	
Il faisait bouillir la marmite	50 %
Il faisait la discipline	24 %
Il nous transmettait son savoir	15 %
C'était un copain	11 %
Comment envisagez-vous votre rôle de parent ?	
Je fais bouillir la marmite	20 %
Je fais la discipline	6 %
Je leur transmets mon savoir	42 %
Je suis leur copain	32 %

De toute évidence, nous ne saurons jamais ce que c'est que de porter un enfant et nous ne connaîtrons pas plus la douleur que le bonheur que vous pouvez éprouver en mettant un bébé au monde. Dans le couple comme dans la cellule familiale, la maternité vous assure une incontestable supériorité. Et c'est un peu pour cela que nous avons tant de mal à trouver et tenir notre rôle de père. Dans l'équipe parentale, nous sommes toujours perçus comme le remplaçant. Nous pouvons certes apprendre à nos garçons à se battre et à jouer au foot, nous nous régalons à bricoler des jouets et des maisons de poupées, nous savons changer les couches et nous affichons volontiers notre force légendaire pour porter d'un bras d'un seul trois gamins dans un sac de plage. Mais pour tout ce qui compte vraiment dans les relations avec les enfants – le dialogue, l'affection et tous les impondérables –, les mères tiennent le devant de la scène, tandis que nous sommes relégués dans les coulisses. Nous aurions d'autres ambitions.

Alexandre, 39 ans, a divorcé quand son fils avait huit ans. Il en est aujourd'hui réduit à constamment batailler pour gagner la considération de son enfant. « Je n'ai aucune idée de ce que mon ex-femme lui raconte sur mon compte, mais je sais qu'elle s'abstient scrupuleusement de lui dire que je suis un bon père et que je peux lui apprendre toutes sortes de choses. Du coup, chaque fois que je le vois, au lieu de partager avec lui des moments de complicité, j'essaie constamment d'affirmer mon rôle de père et mon autorité. C'est extrêmement frustrant. »

Le problème ne se pose pas uniquement pour les pères divorcés. Nous avons tous le même défi à relever : lutter contre l'image du papa bonasse et vaguement demeuré que colportent si allègrement les publicités et les séries télé qui se veulent spirituelles. Nous pouvons admettre d'être parfois la cible de blagues idiotes sur les pères incompétents, mais chaque pique entame un peu plus notre assurance et, intérieurement, l'idée de ne pas être à la hauteur en tant que père nous mine.

« Mon fils de quatre ans adore que je lui dessine des formes stylisées qu'il s'amuse ensuite à colorier, raconte Christian, 32 ans. Je lui croque un animal, un footballeur, une voiture... Un jour, il m'a demandé de lui dessiner un raton laveur. J'avoue que le résultat n'était pas très ressemblant ! Mon fils ne me l'a pas envoyé dire, ajoutant que j'étais nul et que son tonton était bien meilleur que moi. Ce n'était pas bien méchant, mais c'était la première fois qu'il me critiquait. Et j'ai eu un petit pincement au cœur à l'entendre me comparer à mon frère ! »

Cette pointe de dépit nous blesse chaque fois qu'un enfant nous pose une colle, nous provoque, nous balance un « t'es idiot » au visage, ou nous fait sentir que nous sommes un bien piètre papa.

COMMENT EMPÊCHER MON MARI DE GÂTER LES ENFANTS ?

Nos disputes les plus virulentes portent systématiquement sur l'éducation des enfants. C'est toujours moi qui dois faire la discipline, leur apprendre les bonnes manières, les rappeler à l'ordre et les obliger à ranger derrière eux. Pour un peu, je passerais pour la mère fouettarde. Mais dès que je tourne le dos, mon mari laisse tout faire, dit oui à tout et de préférence à ce que j'interdis, et prend systématiquement le contre-pied des principes que j'essaie de leur inculquer. Je lui ai déjà dit plusieurs fois à quel point cela me contrariait, et je lui ai demandé de faire preuve d'un peu plus d'autorité et de se comporter plus en père qu'en copain avec eux. Rien à faire. Est-il donc incapable de com-

prendre qu'il ne doit pas me contredire devant les enfants ?

Il a sans doute le sentiment d'avoir pris un temps de retard sur vous. Quand les femmes prennent en main la discipline et l'éducation des enfants, les pères ont l'impression d'être des laissés-pour-compte, de ne pas avoir voix au chapitre dans les décisions importantes et d'être cantonnés dans un rôle de spectateur passif. À défaut de pouvoir reprendre l'initiative, ils compensent en défiant votre autorité. « Ma femme et moi sommes rarement d'accord sur les punitions : elle est plus sévère que moi et serait plutôt du genre à les priver de télé pendant une semaine, alors que j'estime que pour marquer le coup, il suffit de les envoyer dans leur chambre pendant une heure, explique Matthew, 32 ans. Mais je me suis rendu compte que quand je suis seul avec les enfants, je suis plus dur avec eux. Le plus difficile n'est pas de les discipliner, c'est de négocier la discipline avec ma femme. »

LES HOMMES ESSAIENT-ILS D'ACHETER L'AMOUR DE LEURS ENFANTS ?

Nous nous sommes séparés il y a trois ans. Ma fille avait deux ans, et mon fils trois ans. Depuis quelque temps, je constate que mon ex-mari dépense plus d'argent qu'avant pour les enfants. Il cède à tous leurs caprices, et je pense qu'il y a un côté malsain à vouloir les gâter comme pour acheter leur amour. Cela commence à m'exaspérer sérieusement, mais je ne veux pas entrer dans ces querelles qui obligeraient les enfants à choisir leur camp. Il ne le fait peut-être pas consciem-

ment, mais c'est sa façon à lui de redorer son blason. Comment aborder la question avec lui ?

Envisageons plutôt la question sous un autre angle : auriez-vous une quelconque objection à ce qu'un homme vous fasse un cadeau sans raison particulière, au moment où vous ne l'attendez pas, simplement pour vous rappeler qu'il vous aime ? J'en doute. Je vous l'accorde, ce n'est pas exactement la même chose. En gâtant ses enfants, un père ne leur rend peut-être pas service et use de manœuvres un peu douteuses, mais il essaie aussi de se gagner leurs bonnes grâces. Car lui doit les reconquérir chaque fois, alors que leur affection vous est acquise et que c'est vous qui passez le plus de temps avec les enfants.

TOUS LES HOMMES METTENT-ILS LA PRESSION SUR LEUR FILS ?

Mon mari est un fanatique de sport et fait tout pour partager sa passion avec notre fils de huit ans. Il ne cherche pas à en faire un champion, et m'assure qu'il ne lui imposera jamais quoi que ce soit, mais dès qu'il a un instant de libre, il le traîne au parc pour faire quelques paniers ou taper dans un ballon. Je suis ravie qu'il s'occupe de lui, mais je ne suis pas d'accord pour qu'il monopolise tous ses loisirs sous prétexte que l'homme de la maison, c'est lui. J'ai surtout la désagréable impression qu'il lui met indirectement la pression pour exiger des performances. Comment le lui dire sans le blesser ?

Il y a trois types de papas : ceux qui veulent faire de leur fils un champion, ceux qui veulent en faire un intellectuel – à explorer la nature et les sciences au lieu de lancer des ballons et faire des paniers –, et tous ceux qui l'incitent autant à explorer la nature et les sciences qu'à jouer au ballon. Cette troisième catégorie de père espère transmettre à leur enfant un savoir ou un savoir-faire, a envie de le voir réussir, veut être reconnu comme l'homme qui lui a appris la mécanique et le lancer en spirale, et rêve secrètement être celui à qui, dans quinze ans, son fils rendra un hommage appuyé dans une interview de *L'Équipe* ou de la revue *Science*. Darren, 40 ans, garde un souvenir ému du premier match de basket de son fils. « Il avait six ans. Il a visé avec un style parfait et il a marqué. Tout fier, il a lancé un poing en l'air et il m'a aussitôt jeté un regard en coin pour voir ma réaction. Je ne sais pas s'il fera un grand basketteur, mais ce dont je suis sûr, c'est que je n'oublierai jamais ce regard. »

Petit précis de logique masculine

Trois choses que vous savez de nous :

• Nous savons que nous ne devrions jamais vous contredire devant les enfants, mais c'est notre façon de vous faire comprendre que nous voulons avoir notre mot à dire dans leur éducation.

• Si nous passons des après-midi à jouer au foot avec eux, ce n'est pas uniquement pour le plaisir de jouer au foot.

• L'image que les enfants ont de leur père dépend beaucoup de l'image que vous leur en donnez. Faites un petit effort pour nous approuver et nous mettre en valeur.

Un peu de tact...

Ne dites pas : Je te demande de faire respecter les règles que j'ai fixées.
Dites : Fixons les règles ensemble.
Parce que : Si vous lui laissez sa part d'autorité, il prendra sa part de responsabilités.

> *Ne dites pas :* Tu comptes encore attendre longtemps pour demander une augmentation ?
> *Dites :* Nous devrions trouver un moyen de faire rentrer plus d'argent.
> *Parce que :* L'époque où l'homme était le pourvoyeur est révolue.

Ne dites pas : Ton père croit tout savoir.
Dites : Ton père peut t'apprendre beaucoup de choses.
Parce que : Si vous voulez que vos enfants lui témoignent du respect, donnez l'exemple.

> *Ne dites pas :* Comment pouvez-vous perdre tant de temps à jouer au foot ?
> *Dites :* Qu'est-ce que c'est un hors-jeu ?
> *Parce que :* Il n'est jamais trop tard pour se joindre au fan-club.

> **Drôles de zigs !**
> 54 % des hommes se définissent en premier lieu comme pères et époux.

Décryptages

Il entraîne nos trois fils comme une équipe de sport.

Il a raté sa vocation de dieu du stade. Il n'a pas dit son dernier mot : avec un peu de chance, il passera dans l'histoire comme le premier entraîneur du prochain Zidane.

Il zappe douze fois de suite sur toutes les chaînes du bouquet satellite.

Que ce soit pour découvrir des terres lointaines, aborder des femmes dans un café ou explorer le corps féminin, l'homme a le goût de l'aventure. C'est pareil pour la télé : il cherche quelque chose qui sorte un peu de l'ordinaire et lui procure plus de frissons que sa routine quotidienne.

Il a de petits pieds.

Il a intérêt à être bon danseur.

Question de femme

C'est si dur que ça de viser la cuvette des W.-C. ?

Oui. Très dur. Petite leçon de physiologie masculine : le jet d'urine n'est pas expulsé à vitesse constante. Il s'amorce lentement, accélère, puis ralentit à mesure que la vessie se vide, pour s'achever sur quelques gouttes. Le pénis n'étant hélas pas équipé de radar, quelques erreurs de visée sont inévitables en début ou fin de course. Une seule solution infaillible : installer un urinoir.

Mots coquins, mots câlins

La chose la plus sexy qu'une femme ait dite à D.W., 32 ans :

« Je… je… Ooh ! Ouaou ! »

La chose la plus sexy que Tonya, 24 ans, ait dite à un homme :

« On fait un strip-poker ? C'est toi qui commences. »

Chapitre 21

Durera, durera pas ?

Pourquoi les hommes paniquent et font marche arrière. Certains indices vous diront s'il faut s'accrocher ou laisser tomber.

Messieurs, sur quel sujet porte le principal reproche que vous adresse votre compagne ? (Plusieurs réponses possibles)	
Mon manque d'attention à ses besoins	28 %
Mes capacités d'écoute	21 %
Mes performances sexuelles	20 %
Ma participation aux corvées ménagères	18 %
Mon surinvestissement au travail	17 %
Ma façon de conduire	14 %
Ma manie de flirter avec d'autres femmes	12 %
Ma façon de gérer le budget familial	10 %
Mon rôle de père	8 %
Mes talents de bricoleur	6 %

Je ne suis pas prêt à m'engager dans une nouvelle relation. J'ai été trop blessé par d'autres femmes. Je suis trop investi dans ma carrière. J'ai besoin de temps pour savoir où j'en suis. Ça ne vient pas de toi. C'est moi.

Ce genre de discours vous rappelle quelque chose ? Traduction : ça vient de vous. Du moins, bien plus souvent qu'ils ne veulent bien le dire.

Un tiers des hommes qui vous assurent que vous n'y êtes pour rien mentent.

Les lâches ! Ils pourraient au moins avoir le courage de leurs opinions. Mais non. Ils préfèrent se retrancher derrière cette formule toute faite. Pourquoi ? Exactement pour les mêmes raisons que celles qui vous poussent à dire la même chose à un homme. Au fond de nous-mêmes, nous savons que la relation n'est pas faite pour durer, et c'est l'échappatoire la plus simple et la moins douloureuse. Nous la gardons toujours sous la main, au cas où nous devrions un jour fuir une situation qui devient délicate, sans vous laisser la moindre chance de disséquer tout ce qui ne va pas et promettre de changer. Cette excuse n'admet aucune réplique et coupe court à toute tentative de sauvetage, sans vous donner l'impression d'avoir été maltraitée, méprisée, dévalorisée et plaquée. Voilà pourquoi nous en faisons l'alliée la plus sûre d'une rupture : c'est un sabre qui décapite d'un coup d'un seul la relation, et l'achève sur-le-champ, en lui épargnant une longue agonie.

« Quand mon ancienne petite amie a rompu, j'ai eu droit à tous les noms d'oiseau : elle m'a traité d'égoïste, m'a reproché de ne pas l'aimer, et par-dessus le marché, m'a laissé entendre que j'étais un piteux amant. Je veux bien croire que sous le coup de l'émotion, ses paroles ont dépassé sa pensée, mais ça fait tout de même très mal à entendre ! raconte Daniel, 34 ans. Personnellement, à moins qu'il se soit passé quelque chose de très grave, comme une infidélité, je n'imagine pas insulter une femme que j'ai aimée. Je ne sais pas si c'est normal, mais même après notre rupture, j'aurais encore envie qu'elle me garde un peu de respect et d'amitié, même si elle m'en veut. »

Comme en témoigne le sondage ci-dessus, les femmes savent exprimer leurs griefs très spontanément et sans détours. Les hommes, eux, évitent scrupuleusement de leur chercher querelle, même s'ils en ont au moins autant à leur servir.

On comprend mieux ce qui se cache derrière le sempiternel « tu n'y es pour rien, c'est moi », et autres faux-fuyants. L'homme qui vous dit cela sans rougir est un fieffé menteur. S'il envisageait sérieusement de faire sa vie avec vous, ou si vous l'emballiez autant qu'il a pu vous le laisser croire, alors ni ses blessures passées, ni sa vie professionnelle stressante, ni rien d'autre ne pèserait dans la balance. Il balaierait d'un revers de main tous ces prétextes et ferait tout son possible pour vous garder et rester auprès de vous.

Tommy, 30 ans, a connu une rupture très douloureuse après trois ans de vie commune : des discussions sans fin, des disputes sur le partage des biens, des comptes d'apothicaire... Après cette rupture plus subie que voulue, il avait décidé de rester célibataire un certain temps et de ne pas se laisser embringuer dans une nouvelle histoire. « Trois semaines après que ma copine m'a plaqué, un copain m'a présenté une fille et nous avons aussitôt accroché. Mentalement, je n'étais pas prêt à me lancer dans une nouvelle relation, mais elle m'a tellement tourneboulé que j'ai craqué. Et j'ai fini par l'épouser. » Dans sa situation, il aurait pourtant eu toutes les raisons de se défiler avec le bon vieux « ça n'a rien à voir avec toi », mais comme dans la plupart des cas, ça avait tout à voir avec elle – et il n'aurait pas pu se passer d'elle.

Un homme vit toujours très mal une rupture, qu'elle soit de son fait ou non. En enrobant la réalité sous des propos édulcorés, il cherche à amortir le choc. Si vous n'êtes pas prête à encaisser le coup, cela fera tout de même mal, mais moins qu'un vrai coup de bambou derrière les oreilles.

POURQUOI LES HOMMES ROMPENT-ILS SANS CRIER GARE ?

Je suis sorti avec un garçon pendant deux ans. Ce n'était pas une relation facile. Nous vivions dans des villes différentes et nous ne nous voyions pas très souvent. Quand je lui ai fait remarquer que nous nous entendions moins bien qu'avant, il a aussitôt sauté sur l'occasion pour m'annoncer qu'il ne voyait pas d'avenir commun, qu'il m'aimait bien, mais qu'il ne pensait pas être prêt à s'installer vraiment avec moi. Il avait dû y réfléchir, ou il le savait depuis longtemps. Pourquoi ne l'a-t-il pas dit un an plus tôt, au lieu de me laisser mariner et souffrir si longtemps ?

Peut-être en avait-il assez d'être le moteur de la relation et de toujours faire le premier pas – le premier rendez-vous, la première nuit ensemble, les premières caresses, etc. Mais la vraie raison est que personne n'aime passer pour le salaud de l'histoire – pas même les salauds. D'où le fait que nous ayons tant de mal à trouver les mots justes pour vous annoncer que nous sautons du train en marche. Il n'a pas envie d'être perçu comme le méchant, l'infidèle, le butor ou le cœur de glace qui a gâché votre histoire, et il lui est donc plus confortable d'attendre que vous lui tendiez une perche. « C'est exactement la même chose que lorsque l'on démissionne d'un poste : on aimerait partir la tête haute et se dire que tout le monde nous regrettera, explique George, 34 ans. On veut avoir le sentiment d'être toujours désiré. Dans une rupture amoureuse, nous n'essayons pas de garder un lien pour nous donner une possibilité de revenir au cas où, mais nous voudrions simplement lui laisser un bon souvenir et penser qu'elle dira du bien de nous à ses copines. » Car au bout du compte, même si la relation ne lui convient plus, il tient à laisser sa marque.

S'IL N'EST PAS PRÊT À S'ENGAGER, POURQUOI SORT-IL AVEC MOI ?

Je sors avec quelqu'un depuis deux semaines. Il est très sympa et nous nous entendons bien, nous avons beaucoup de choses en commun et nous avons couché ensemble deux ou trois fois. En tout, nous nous sommes vus une demi-douzaine de fois et il commence déjà à mettre des distances : il sort d'une rupture difficile, il n'est pas certain d'être prêt à continuer, je suis formidable mais il n'y voit pas encore assez clair, etc. Je n'ai pas envie de discuter, mais ces faux-fuyants m'énervent. Pourquoi se donne-t-il tant de mal pour expliquer qu'il n'a pas envie de rester avec moi ?

Imaginez qu'il ait découvert cet excellent restaurant : les plats sont délicieux, l'ambiance excellente, et les serveuses très attentionnées. La première visite a été très concluante, mais en y revenant il a été beaucoup moins impressionné. Il essaie d'autres plats, d'autres menus et, finalement, il se rend compte que ce n'est pas son genre de restaurant. Il pourrait être tout aussi abrupt et vous dire que finalement, vous n'êtes pas son genre de fille, mais il préfère prendre sur lui, car il vous trouve sympathique, intelligente et jolie, mais ce que vous avez à offrir ne répond pas vraiment à ses attentes. Ce qui ne signifie pas que d'autres n'apprécieront pas – mais tout simplement que vous ne le garderez pas comme régulier.

Pourquoi se braquent-ils dès qu'une relation devient sérieuse ?

Au bout d'un mois et quelque, notre relation commençait à devenir assez sérieuse. On se voyait plusieurs fois par semaine, et visiblement, nous n'allions pas tarder à échafauder quelques projets d'avenir. J'étais persuadée que notre relation était bien partie, mais il m'a annoncé de but en blanc qu'il n'était pas prêt à s'engager. Pourquoi se débinent-ils juste quand ça prend tournure ?

Parce que nous avons une peur bleue de nous faire passer la corde au cou – malgré vos petits airs de ne pas y toucher ! « Il n'y a rien de tel pour me refroidir qu'une femme qui cherche à me mettre le grappin dessus. Ce genre d'attitude revient en fait peu ou prou à décréter que c'est elle qui décide et dirige la relation », s'offusque Lawrence, 27 ans. Cela vaut également pour les couples installés. Mais dans ce cas, la pression ne porte plus sur une demande d'engagement, mais sur une demande de performance. Pas au lit, mais dans la vie : vous attendez alors de nous que nous soyons un bon père, un bon mari, un bon gendre, un bon videur de poubelles, un bon mécanicien, un bon gestionnaire, un bon carreleur, un bon technicien informatique, un bon programmeur de DVD, et tout le reste. Ce n'est pas que ça nous ennuie de faire tout cela. Ce qui nous ennuie c'est de le faire sous la contrainte et de risquer en plus d'être mal jugés en cas d'échec. « Que je tonde le gazon, vidange ma voiture ou règle les factures en ligne, ma femme est toujours sur mon dos pour me dire qu'à ma place elle aurait fait autrement. Ses suggestions partent peut-être d'un bon sentiment, mais elle ne se rend pas compte à quel point ce peut être exaspérant d'être en permanence sur la sellette et de la voir remettre mes moindres faits et gestes en question. »

PETIT PRÉCIS DE LOGIQUE MASCULINE

Trois choses que vous savez de nous :

- Nous vous quittons parce que vous ne nous faites plus autant d'effet qu'avant, mais nous ne vous le dirons jamais aussi brutalement.
- Les hommes qui vous ont vraiment aimée ont envie de vous laisser un bon souvenir ; les serial lovers aussi.

• Quand nous rencontrons la femme idéale, nous n'avons plus besoin de temps pour faire le point, notre travail peut attendre et nos réticences s'évaporent comme par magie.

Un peu de tact...

Ne dites pas : Je ne suis pas heureuse avec toi.
Dites : Voici ce qui manque à mon bonheur.
Parce que : Si vous ne nous donnez aucune indication pour rattraper le coup, nous penserons que tout est fichu.

> *Ne dites pas :* Soit on s'installe ensemble, soit tout est fini entre nous.
> *Dites :* Si tu ne veux pas d'une relation sérieuse, j'ai besoin de le savoir.
> *Parce que :* Demander une décision est plus efficace que poser un ultimatum.

> **Drôles de zigs !**
> 24 % des hommes accepteraient que leur épouse leur verse une prestation compensatoire pour régler un divorce.
> 21 % des hommes en couple cherchent une partenaire qui leur convienne mieux.

DÉCRYPTAGES

Il dit qu'il n'est pas prêt à s'engager.

Vous n'êtes pas la femme de sa vie. Si vous l'étiez, il foncerait tête baissée, prêt ou pas prêt.

Son meilleur ami est une meilleure amie.

Niveau d'alerte rouge : pas nécessairement parce qu'il a des vues sur elle, mais parce que c'est à elle qu'il fait le plus de confidences – et elle sait tout de vous.

QUESTION DE FEMME

Il ne m'épargne aucun détail sur son transit intestinal, ses verrues sous l'aisselle et ses ongles d'orteil jaunis, mais dès que je lui annonce que j'ai une mycose vaginale il se sauve en courant et ne me touche plus pendant un mois ! Pourquoi mes petits problèmes l'effraient à ce point ?

Il part du principe que vous pouvez le comprendre car, comme lui, vous avez des intestins, des aisselles et des ongles. Mais lui n'a aucun moyen de s'identifier à vos soucis gynécologiques.

PAROLES D'HOMMES...

Les hommes mariés qui accepteraient une prestation compensatoire pour régler un divorce réclameraient...

Rien	12 %
Les frais de déménagement	22 %
10 000 dollars	15 %
100 000 dollars	18 %
1 000 000 de dollars	33 %

Mots coquins, mots câlins

La chose la plus sexy qu'une femme ait dite à Brett, 33 ans :

« Tu devrais apprendre ça aux autres hommes. »

La chose la plus sexy qu'Ashley, 26 ans, ait dite à un homme :

« J'espère pour toi que tu n'as pas sommeil. »

CHAPITRE 22

Pourquoi refuse-t-il de me raconter sa journée ?

Il est grognon en rentrant à la maison ? Laissez-lui le temps de déconnecter et de se changer les idées. Moins vous lui en demanderez, plus vous en saurez.

Messieurs, décrivez votre journée de travail type.	
24 heures de stress du lundi au dimanche. J'en rêve la nuit	9 %
Dur, mais dès que je me détends un peu en rentrant, ça va	20 %
Tendu, mais je rentre à la maison apaisé	53 %
Plutôt peinard. Je suis parfaitement disponible en rentrant	18 %

À quoi pense un homme un vendredi soir à 18 h 45 ? Petit aperçu : « Bonsoir, ma chérie, c'est moi ! Oui, ma journée s'est bien passée. Maintenant j'aurais vraiment envie d'enlever mon costume et de me mettre en short, de prendre une heure pour lire le journal, et quand j'aurais fini, oui je serais ravi de goûter ce que tu m'as si gentiment préparé. Devant la télé. Parce qu'ils repassent un vieux James Bond ce soir. On se retrouve dans une heure au salon et on se raconte tout ça. »

Ce scénario n'est bien entendu qu'une fiction, et toute ressemblance avec des personnages existant ou ayant existé ne serait qu'une extraordinaire coïncidence. Car dans la réalité, nous ne savons que trop bien que vous brûlez d'envie que nous vous racontions par le menu les douze dernières heures de notre vie, sans oublier de caser un « mais oui tu m'as beaucoup manqué, ma chérie ». Or vous êtes aussi bien placée que nous pour savoir qu'il ne se passe jamais rien d'extraordinaire au bureau, mis à part un feu continu d'e-mails, de coups de fil, de plaintes, de paperasses, d'ordres, de pressions, de délais, de rancœurs et de petites histoires plus sordides que les ragots de caniveau. Vous vivez exactement la même chose, mais vous le gérez différemment. Pour nous tout ce qui relève de la vie professionnelle n'a aucune place dans la sphère privée. « Nous n'avons pas toujours envie de parler de nos soucis, car cela ne nous aide pas du tout à évacuer le stress, rappelle Trey, 34 ans. Nous avons besoin de passer à autre chose pour nous changer les idées. » Voici un échantillon de ce que les hommes ont envie de faire en rentrant à la maison :

S'avachir devant la télé	14 %
Consulter leur messagerie électronique	14 %
Manger	12 %
S'enfermer aux toilettes	10 %
Jouer avec les enfants	9 %
Aller à la salle de musculation	5 %

Seul un homme sur dix se dit prêt à parler. Ce qui signifie que neuf hommes sur dix sont disposés à tout sauf à ça. « Ma femme a longtemps travaillé, mais quand nous avons eu des enfants, elle a choisi de rester à la maison, raconte Jake, 36 ans. Le soir, quand je rentre, j'ai systématiquement droit à un interrogatoire sur ce qui s'est passé au bureau. Si je réponds "rien" ou si je ne lui donne pas tous les détails, elle est frustrée. Je lui ai bien expliqué que la dernière chose dont j'aie envie de parler en rentrant du travail, c'est bien du travail. Mais depuis qu'elle passe ses journées avec les enfants, elle a besoin de ce lien avec le monde extérieur. Mais après une journée harassante, c'est trop me demander. J'ai envie de jouer avec les enfants, de me défouler un peu sur un ballon de basket et de dîner. »

Vous attendiez votre héros resplendissant, vous voyez arriver un mari fourbu. Nous avons besoin de temps pour nous détendre, décompresser, oublier les chiffres, les camemberts et les mesquineries de la vie en boîte. « J'avais une heure de route pour rentrer du travail et quand j'arrivais à la maison, ma copine était prête à sortir, dîner, bavarder. Moi, il me fallait au moins 20 minutes pour me remettre de ma journée, se souvient Aaron, 29 ans. Dans son esprit, mon heure de trajet aurait déjà dû me permettre de faire le vide. Mais ce n'était pas du repos, car en conduisant, je continuais à penser à ma journée et à ce que j'aurais à faire le lendemain. J'avais besoin d'un vrai temps de refroidissement. »

Cette coupure nous est absolument indispensable. Si nous pouvons arrêter de penser au travail et à notre journée, alors nous vous en parlerons volontiers. Lorsque nous rentrons à la maison, nous avons envie d'une vraie mi-temps. Pas de jouer les prolongations.

COMMENT L'INCITER À PARLER DAVANTAGE ?

Je ne supporte plus d'entendre mon mari répondre « très bien » quand je lui demande comment s'est passée sa journée. Pourquoi est-il incapable de me raconter une ou deux anecdotes ? Je n'arrive jamais à lui tirer un mot. Il rentre, passe à table et ne veut surtout pas me parler de ce qu'il fait au bureau. Comment lui faire comprendre que c'est important pour moi ?

« Vous savez à quel moment je préfère lui parler de mon travail ? Pendant le film du soir. Les enfants sont au lit, on est tous les deux sur le canapé, et je sais que je n'aurai que les deux minutes de la pause publicitaire pour résumer ce que j'ai à dire. Idéal », avoue Karl, 33 ans. D'après moi, le sujet a de quoi rendre muet comme une carpe le plus prolixe des hommes. Sachez tout d'abord qu'il ne répondra jamais par plus d'une monosyllabe à une question aussi vague que : « Comment s'est passée ta journée ? » ou : « Alors, que s'est-il passé aujourd'hui, au bureau ? » Dans le meilleur (ou le pire) des cas, il se lancera dans vingt minutes de monologue sur la saga du serveur déconnecté. Alors heureuse ? Première règle d'or : un bon intervieweur cible ses questions pour obtenir des réponses précises. Deuxième règle d'or : une compagne n'est pas un intervieweur. Laissez-lui le temps de se mettre à l'aise, de se verser une bière et de se détendre. Puis, si le sujet vous intéresse vraiment, souvenez-vous de ce qu'il vous a dit il y a quelques semaines sur son patron, son collègue, ou le nouveau projet sur lequel il travaille. Une question précise qui dénote votre intérêt lui déliera la langue.

Pourquoi ne trouve-t-il pas le temps de me parler quand il est au bureau ?

L'une de mes amies a un mari qui l'appelle du bureau deux ou trois fois par jour pour prendre de ses nouvelles, s'assurer que tout va bien, ou simplement bavarder un peu. Le mien m'envoie un mail de temps en temps ou un SMS pour me rappeler d'acheter des piles ou le programme télé. J'essaie de l'appeler une fois par jour, mais il est toujours distrait et expédie la conversation en quelques secondes. Je ne lui demande ni d'interrompre ce qu'il est en train de faire ni de me tenir la jambe des heures. J'aimerais juste qu'il prenne de mes nouvelles de temps en temps pour montrer qu'il pense à moi. Est-ce vraiment demander la lune ?

Dans son environnement professionnel, l'homme a souvent l'impression de jongler avec trente-six problèmes et dossiers et de n'avoir pas assez de ses deux bras et de ses deux hémisphères cérébraux. Instantané d'une minute de la vie de votre homme au bureau : il est concentré sur ce qu'il a à faire, il a seize fenêtres ouvertes sur son écran d'ordinateur et une réunion dans 12 minutes. Si vous l'appelez juste à ce moment-là, il risque de se déconcentrer, de perdre le fil et de dérailler. À supposer même qu'il soit concentré, ce n'est certainement pas à vous qu'il pensait. « Ma copine me reproche de ne pas l'appeler dans la journée. Je n'aurais rien contre, mais je n'ai tout simplement pas le temps. Et quand elle m'appelle, on dirait qu'elle fait exprès de choisir le moment le moins indiqué ! », peste Vincente, 32 ans. Vous voulez qu'il prenne de vos nouvelles ? Arrêtez de prendre des siennes. S'il ne décroche pas son téléphone, c'est parce que, consciemment ou pas, il sait que vous l'appellerez. C'est exactement le même principe que la séduction : si vous voulez qu'il vienne vous chercher, ne prenez pas trop ouvertement les devants.

COMMENT L'AIDER À S'OUVRIR ET À SE DÉTENDRE ?

Mon compagnon est avocat et travaille 12 à 13 heures par jour. Je sais qu'il accumule beaucoup de stress et je vois bien qu'il est éreinté en rentrant. Je serais prête à lui offrir une oreille attentive pour l'aider, mais il garde tout pour lui. Je crains qu'il ne s'épuise s'il ne se confie pas un peu de temps en temps. Des idées ?

À part un gin tonic et les massages du soir ? Voyons... Un autre gin tonic et un peu plus de massages, par exemple. « J'ai traversé une période extrêmement difficile, professionnellement. J'avais tant de projets en attente que j'étais à deux doigts de craquer. En dix jours, j'ai passé trois nuits blanches pour boucler un dossier et je sais que je ne valais plus rien à la maison, confie David, 33 ans. Ma femme s'est montrée très coopérative. Elle savait que j'en bavais. Elle s'occupait de tout sans jamais me poser la moindre question sur mon travail, car elle savait qu'en parler ne pouvait que me stresser davantage. Elle faisait ses huit heures au bureau, s'occupait des enfants, et trouvait même encore l'énergie de me faire des câlins pour m'aider à lâcher la pression. Les deux derniers jours, j'ai fini par lui dire que j'avais l'impression d'être au bout du rouleau et j'ai commencé à me détendre un peu. » Quand les hommes sont extrêmement stressés au travail, ils n'ont pas envie d'en parler. Ils ont envie de se concentrer sur leur tâche et de trouver un moyen de réduire la pression de quelques hectopascals. Mais à partir du moment où ils arrivent à gérer un peu mieux leur surcharge de travail, ils peuvent se laisser aller à en parler.

PETIT PRÉCIS DE LOGIQUE MASCULINE

Trois choses que vous savez de nous :

- Si vous nous demandez ce qui s'est passé au bureau dès que nous franchissons le seuil de la maison, alors il ne s'est rien passé au bureau. Si vous nous posez la même question une heure plus tard, il s'est passé beaucoup de choses.
- Pendant les 12 heures que nous passons au bureau, nous vivons le cauchemar d'Elvis Presley, en pire : ce sont les collègues qui s'arrachent notre chemise. Quand nous rentrons dans notre nid douillet, laissez-nous 20 minutes de répit avant de nous harceler de questions.
- Au bureau, notre quotidien est fait de coups bas, mensonges, perfidies et manœuvres douteuses. Ne nous demandez pas de vous raconter tout cela. Regardons plutôt *Koh Lanta,* ça vous donnera une petite idée.

Un peu de tact...

Ne dites pas : J'ai passé une journée affreuse au bureau et je suis d'humeur massacrante depuis ce matin.
Dites : Ouf ! Je suis contente de rentrer à la maison !
Parce que : Il ne demande qu'à être le repos de la guerrière.

Ne dites pas : Tu as l'air stressé. Qu'est-ce qui s'est passé aujourd'hui ?

Dites : Que dirais-tu d'un plateau télé ? Il y a un bon film, ce soir.
Parce que : Après une mauvaise journée, il a envie d'un peu de détente et d'un bon repas, mais surtout pas de conversation.

Ne dites pas : Ton patron a raison.
Dites : Ton patron est un crétin.
Parce que : Il tiendra le coup si vous le soutenez.

Décryptages

Il traîne les pieds pour m'épouser.

C'est mauvais signe. S'il repousse l'échéance, il apprécie sans doute beaucoup de choses chez vous et se trouve très bien en votre compagnie. Mais il n'est pas totalement persuadé que c'est avec vous qu'il a envie de faire sa vie.

Il m'offre une centrale vapeur pour mon anniversaire.

Il le voit comme un cadeau utile, vous le prenez comme une offense. Vous aviez pourtant bien dit que votre vieux fer ne marchait plus. Dans son esprit, cette charmante attention vaut largement deux douzaines de roses rouges.

Il est séparé de son ex depuis plus d'un an mais il la voit toujours.

Cela prouve deux choses : elle n'est pas une menace, et il lui a laissé un bon souvenir. Si leur rupture n'a pas provoqué de dégâts irréversibles, c'est sûrement signe qu'il a suffisamment de maturité pour admettre qu'une relation évolue vers autre chose ; qu'il l'a bien traitée quand ils étaient ensemble ; et qu'il ne l'a pas trompée. Trois bons points pour lui !

Question de femme

Il collectionne les DVD et les casquettes de base-ball, mais ne comprend pas que j'aie autant de paires de chaussures. Personnellement, je ne vois pas la différence.

Lui si : les DVD et les casquettes de base-ball coûtent trois francs six sous, ne s'usent pas, et il s'en sert plus d'une fois ou deux.

> **Drôles de zigs !**
> 16 % des hommes pensent que la profession idéale de leur épouse serait « femme d'intérieur ».

Mots coquins, mots câlins

La chose la plus sexy qu'une femme ait dite à Will, 30 ans :

« Avec un peu de chance on ne réveillera pas mes parents. »

(À l'occasion d'un week-end dans sa famille.)

La chose la plus sexy que Rena, 29 ans, ait dite à un homme :

« Je te préviens, tu risques d'avoir des courbatures, demain ! »

(En lui retirant son pantalon.)

CHAPITRE 23

Comment entretenir son désir ?

Rien de tel qu'une petite folie pour rompre la routine – et une saine routine pour le rassurer...

Messieurs, quels fantasmes aimeriez-vous assouvir avec votre compagne ? (Plusieurs réponses possibles)	
Utiliser des sex toys	79 %
Regarder un film porno	78 %
Faire l'amour en public	77 %
Filmer nos ébats	69 %
Du bondage soft	67 %
Les jeux de rôle	67 %
M'offrir une épilation intégrale	66 %
L'amour à trois	55 %
L'échangisme	24 %

Il arrive qu'un homme arrive à prédire son avenir sexuel comme la Chaîne Météo : il sait relativement bien où il va voir le soleil briller sur son activité sexuelle et voit venir les orages de grêle qui l'obligeront à se mettre à l'abri. Mais il arrive aussi qu'il ne sache pas du tout ce qui l'attend : entre la mauvaise pluie qui va lui gâcher ses plans, et la belle averse rafraîchissante qui lui tombera dessus à l'improviste, tout est possible...

Chacun de ces aspects, le prévisible et l'imprévisible, a sa fonction. Dans un certain sens, le sexe à heures fixes nous déstresse et nous rassure, car nous savons que nous n'aurons pas à passer un temps infini à faire du plat et séduire pour obtenir les faveurs de notre belle. D'ailleurs, le fait de savoir tout aussi sûrement que nous allons faire ceinture a le même effet, en ceci que nous sommes assurés d'une bonne nuit de sommeil.

Curtis, 33 ans, et sa femme ont pris l'habitude de faire l'amour tous les vendredis soir et tous les dimanches matin. « Je conçois qu'il puisse paraître bizarre de considérer le sexe comme un rendez-vous programmé, mais j'y vois davantage les côtés positifs. Quand je me réveille le vendredi en sachant qu'on va faire l'amour le soir, c'est un genre de préliminaire mental, même si aucun d'entre nous n'en parle explicitement. Le désir monte, parce que je passe une partie de la journée à penser à ce que nous allons faire plus tard. »

D'un autre côté, le sexe qui nous tombe dessus comme un cadeau du ciel est celui qui nous excite le plus, et ce sont ces rencontres impromptues que nous apprécions le plus dans une relation amoureuse. 21 % des hommes aimeraient pimenter leur vie sexuelle par « plus d'improvisation » et « plus de diversité ». Voilà qui vous donne une idée de l'effet que peut nous faire votre spontanéité – ou une petite culotte négligemment accrochée à une poignée de porte. « Mon meilleur souvenir était une surprise du matin. Elle m'a réveillé et m'a littéralement sauté dessus », confie Jay, 32 ans, encore tout chose. Paul, 34 ans, est tout aussi ému. « C'était pour notre premier anniversaire de rencontre.

Elle m'a rejoint sous la douche. Je pense que c'est la surprise qui a rendu cela si mémorable. »

Geoff, 37 ans, restera également éternellement reconnaissant à son épouse pour avoir su le prendre au dépourvu avec tant de charme. « Nous allions voir un match de base-ball à Atlanta et nous étions arrivés avec deux heures d'avance. J'avais garé le 4 x 4 sur le parking. Elle a jeté un œil sur la banquette arrière et m'a invité d'un petit regard coquin à nous allonger. Sur le coup, j'étais choqué. Mais elle m'a retiré mon pantalon, m'a fait une petite gâterie comme elle en a le secret, puis elle m'a couché sur le dos et s'est mise sur moi. C'était hallucinant ! »

Stephen, 25 ans, n'a pas eu autant de chance quand sa femme a voulu essayer quelque chose d'original. « Nous étions de passage chez mes beaux-parents. C'était un dimanche après-midi. Ses parents étaient allés suivre le match du jour chez des voisins et la voie était libre. Nous en avons donc profité pour faire un câlin, mais en plein milieu de nos ébats, mon beau-père est rentré ! Comment aurions-nous pu prévoir qu'il aurait l'idée saugrenue de revenir sortir le linge de la machine à la mi-temps ? Bien sûr, il nous a surpris en pleine action... dans son bureau ! »

Stephen en rigole aujourd'hui et reconnaît que l'expérience aurait sans doute été plus agréable s'ils avaient pu aller jusqu'au bout – ou si au moins son équipe préférée avait gagné. Mais le fait est que de temps en temps, nous avons besoin d'explorer des territoires interdits, aux moments les plus inattendus, en essayant des positions inédites. Mais pas nécessairement dans le bureau de beau-papa.

Nathan, 33 ans, est sans doute celui qui exprime le mieux ce besoin de nouveauté : « Les hommes n'ont pas forcément envie de faire l'amour plus vite ou plus sauvagement. Ils ont envie de retrouver le désir avec leur partenaire. Ce n'est pas de leur partenaire qu'ils se lassent, mais plutôt de son allure et de son aspect physique. Essayez de le surprendre en changeant de coiffure, de maquillage ou de tête, et vous verrez que votre homme se montrera bien plus avenant. L'idée se rapproche du principe qui veut que l'on enrichisse l'environnement d'un zoo en apportant des éléments nouveaux pour réveiller la curiosité des animaux en cage. »

COMMENT L'AGUICHER SANS TROP EN FAIRE ?

Mon nouveau copain est formidable, mais je m'ennuie un peu au lit. J'aimerais mettre un peu de sel à nos ébats, mais je ne voudrais pas qu'il pense que j'ai trop d'expérience. Au bout de combien de temps peut-on se montrer plus audacieuse ? Et jusqu'où puis-je aller sans qu'il me prenne pour une spécialiste du fouet et des bottes de cuir ?

Tout est dans la nuance, et entre le murmure et le hurlement strident il reste de la marge. Si certains hommes ne demandent qu'à être votre esclave sexuel, beaucoup préfèrent une approche plus progressive et plus subtile. Julie, 28 ans, se souvient du jour où son petit ami était garçon d'honneur à un mariage. « Dans le cortège qui remontait l'allée de l'église, je lui ai dit que j'avais envie qu'il me coince derrière une porte, en précisant bien que je n'avais rien sous ma petite robe noire moulante, car on aurait vu la marque. Il a dû patienter jusqu'à la fin de la cérémonie, mais il me lançait des œillades gourmandes toutes les trois secondes. Pendant la réception, il n'a pas arrêté de me peloter. Il a enduré des heures de torture avant que je puisse enfin mettre à exécution ma menace. Et je lui ai fait subir mille morts ! Nous avons passé la nuit la plus épuisante et la plus géniale de notre vie. » Effectivement, dans ce cocktail parfaitement dosé, la surprise et l'attente se liguent pour exciter le désir et renouveler la séduction.

Et si moi je n'ai pas envie ?

Nous étions à un mariage et, après une soirée bien arrosée, nous sommes rentrés à notre hôtel. Il s'est aussitôt déshabillé et s'est affalé sur le lit, m'attendant comme s'il était évident que nous allions faire l'amour. Son arrogance m'a exaspérée : sous prétexte que nous étions à l'hôtel et que nous rentrions d'un mariage, il partait du principe qu'il avait le droit à son petit quart d'heure de gaudriole. Du coup, il a fait ceinture. Il a fait sa mauvaise tête, ce qui m'a encore plus horripilée. Je trouve inadmissible que non seulement il ne me demande pas mon avis, mais qu'en plus j'aie droit à des bouderies parce que monsieur n'est pas servi !

En temps normal, il a des manières parfaitement policées et il sait que rien n'est jamais acquis à l'homme ni à son désir. Mais les vapeurs de l'alcool aidant, ses réflexes pavloviens ont repris le dessus : hôtel ? Arf ! Mariage ? Arf ! Pompette et excité ? Arf, arf ! En présence de tous ces paramètres, son cerveau reptilien ne voyait qu'une conclusion possible : ces deux corps nus avaient mieux à faire qu'une bataille de polochons dans la chambre 423. « Un soir, ma petite amie et moi avons vidé deux bouteilles de vin, raconte Tom, 30 ans. Elle avait perdu toutes ses inhibitions. Elle me disait des trucs coquins, elle se déhanchait avec une vigueur que je ne lui connaissais pas, elle était vraiment dans son trip. C'était extraordinaire, car il n'y avait plus de tabous, plus d'interdits, tout était possible. Nous donnions tous les deux le meilleur de nous-mêmes pour offrir à l'autre un plaisir maximal. » Alors, un peu d'indulgence, mesdames : quoi de plus naturel que de laisser parler son corps, surtout quand l'alcool nous a légèrement émoustillés ? Et si vous n'êtes pas d'humeur badine, rien ne vous empêche de nous repousser gentiment, au lieu de nous priver de dessert et de nous envoyer au piquet !

QU'ATTENDENT-ILS VRAIMENT DU SEXE ?

Si l'on en croit ce qu'ils disent, tant qu'ils font l'amour, les hommes sont contents. Ils doivent pourtant bien avoir une petite liste de préférences... Comment savoir ce qui peut véritablement combler un homme sous la couette ?

Voilà qui va vous surprendre, mais tous les hommes ne sont pas programmés de la même façon. Certains rêvent de faire l'amour avec une parfaite inconnue. « À l'époque où j'étais G.O. au Club Med, je lézardais tranquillement sur une plage, entièrement nu, quand une femme a déboulé de nulle part et m'a fait une petite gâterie au lever du soleil. Je n'en revenais pas... et je n'en suis toujours pas revenu ! » raconte Rich, 26 ans. D'autres sont plus attirés par un échange purement sexuel. « Le jour où nous avons fait l'amour sans prononcer un seul mot, j'ai pris un pied d'enfer. Nous étions tellement proches, que tout s'enchaînait naturellement, et nous avons tous les deux fini éreintés », se souvient Andrew, 38 ans. Les expériences les plus fortes associent un abandon physique total à un lien émotionnel très profond. 62 % des hommes assurent trouver encore plus de plaisir auprès d'une partenaire dont ils se sentent proches, affectivement et physiquement. William, 32 ans, l'exprime très bien : « Ma meilleure expérience sexuelle était une nuit d'amour non-stop, où la bestialité le disputait à la tendresse. Nous nous sommes tout simplement complètement laissés aller. »

PETIT PRÉCIS DE LOGIQUE MASCULINE

Trois choses que vous savez de nous :

• Contrairement à ce que vous pouvez penser, la routine sexuelle n'a rien d'ennuyeux pour nous. C'est un repère stable qui contribue à notre équilibre.

• N'ayez pas peur de nous surprendre. Votre audace nous laissera un souvenir impérissable.

• La volupté est le moteur de la passion affective. Nous avons besoin de l'un et de l'autre pour véritablement assouvir nos pulsions.

Un peu de tact...

Ne dites pas : On s'ennuie à mourir au lit. On devrait essayer un truc nouveau.

Dites : J'ai acheté un lubrifiant fraise-chocolat. Tu veux goûter ?

Parce que : Au lieu d'exiger de la nouveauté, apportez-la !

Ne dites pas : Je n'ai pas envie.
Dites : Ce soir, il faut vraiment que je dorme, mais demain soir, je t'arrache tes vêtements avec les dents !
Parce que : Il n'est jamais agréable d'essuyer un refus – même après des années de mariage.

Ne dites pas : Bof.
Dites : Mâtin, quel câlin !
Parce que : Vous l'aimez.

Décryptages

Il garde un œil sur la télé pendant que je lui parle.

Il a bien conscience de se conduire en goujat, mais il le serait encore plus s'il vous disait le fond de sa pensée : les dernières minutes de jeu de Becker valent bien plus que tout ce que vous pouvez avoir à lui dire.

Il dit qu'il ne veut rien pour son anniversaire.

Un gadget électronique, un vêtement de sport ou un CD fera tout à fait l'affaire.

Il répond « trois ou quatre » quand je lui demande combien de bières il a descendues avec ses copains.

Six ou sept, sans compter les whiskys.

Question de femme

C'est un autre homme quand il s'habille bien. Pourquoi ne porte-t-il pas plus souvent son costume ?

Pour la même raison que vous n'enfilez pas tous les jours vos bas et porte-jarretelles. Nous pouvons nous déguiser de temps en temps, mais nous sommes plus à l'aise dans le short, les sandales et le tee-shirt achetés au supermarché du coin.

PAROLES D'HOMMES...

Êtes-vous satisfaits des performances sexuelles de votre partenaire ?	
Extrêmement satisfait	16 %
Très satisfait	26 %
Satisfait	26 %
Un peu insatisfait	23 %
Pas satisfait du tout	9 %

Drôles de zigs !
61 % des hommes déplorent le manque d'audace de leur partenaire.

MOTS COQUINS, MOTS CÂLINS

La chose la plus sexy qu'une femme ait dite à Noah, 23 ans :

« Laisse-moi faire et laisse-toi faire. »

La chose la plus sexy que Natalie, 29 ans, ait dite à un homme :

« Range-toi sur le bas-côté. J'ai envie de faire l'amour dans l'herbe. »

Ce qu'il ne vous dira jamais sur l'oreiller... ni ailleurs

« Elle ne donne pas autant qu'elle reçoit. »

« Elle devrait prendre l'initiative de temps en temps. »

« Elle est trop coincée. J'ai l'impression d'avoir épousé une bonne sœur. Pour elle, passé le missionnaire et l'amazone, il n'y a plus rien. »

« Elle pourrait être plus active. Je veux qu'elle me prenne ! »

« Elle n'ose rien tenter de nouveau, car elle est persuadée qu'en refaisant ce qu'on a fait avec un ex, on pense forcément à son ex. »

« Nous ne varions pas assez les plaisirs. Je ne le lui dirai jamais car même si c'est vrai, ça reste formidable. »

« Laisse parler ton corps ! »

« Quand elle vient sur moi, j'ai l'impression de faire l'amour avec un robot. »

« Faites plus de bruit ! »

« J'aurais envie de lui faire plein de trucs, mais je ne voudrais pas qu'elle me prenne pour un vicieux. »

« Elle manque un peu de ressort. »

« Elle n'y met pas autant d'ardeur que je le voudrais. »

Chapitre 24

Notre mariage devrait le concerner un peu, non ?

C'est le plus beau jour de votre vie, et il semble s'en soucier comme de l'an quarante. L'art et la manière de l'impliquer pour faire vibrer sa fibre romantique.

Messieurs, envisageriez-vous d'épouser la femme qui partage actuellement votre vie ?	
Oui	41 %
Non	14 %
Pas sûr	45 %

Se faire passer la corde au cou ou mettre la bague au doigt, se ranger, se faire ferrer... Ces expressions, appliquées surtout aux hommes, donneraient à penser que pour ces messieurs, le mariage est plus un châtiment qu'un heureux événement. Faut-il donc leur forcer la main et les traîner devant monsieur le maire comme on les traînerait à l'échafaud pour qu'ils nous épousent ? Un « oui pour la vie » leur fait-il l'effet d'un film d'horreur ?

Rassurez-vous, s'ils font leurs bourrus, c'est pour la galerie. En fait, l'idée même de se marier – et avec vous, de surcroît ! – les enchante. Bien sûr, ils se contrefichent que la pièce montée soit au chocolat, au caramel ou à la fraise, qu'elle fasse trois ou quatre étages, que les faire-part soient sur bristol crème ou vanille, que les demoiselles d'honneur portent le chignon ou les cheveux lâchés – quoique... oui, finalement, les cheveux lâchés. Ils ne s'abonnent pas à *Mariage Magazine*, ils n'iront pas essayer douze fois leur costume, et ils ne veulent surtout pas savoir quelle vague petite cousine éloignée aura l'insigne honneur de porter les fleurs. Tout cela n'a rien à voir avec leur conception du mariage. Ce qui leur plaît tant dans un mariage, c'est la fête, le buffet à volonté, mais aussi la cérémonie et son petit côté délicieusement pompeux et désuet. Et quand ils sont la vedette du jour, c'est mille fois mieux :

- « *Le plus beau jour de ma vie : la naissance de mes enfants. Deuxième plus beau jour : mon mariage. J'étais au septième ciel. C'était extraordinaire d'avoir toute ma famille et tous mes amis réunis autour de moi, et pour moi.* » (Brian, 28 ans)

- « *Ce n'est pas tous les jours que l'on est la cible de toutes les attentions ! C'est vrai, j'en avais un peu assez de répondre aux mêmes questions sur notre lune de miel, mais intérieurement, je jubilais : tout le monde me souriait, on ne voyait que moi – et un peu elle, aussi, d'accord !* » (Blake, 34 ans)

- « *Pendant les préparatifs, ma fiancée m'avait prévenu qu'un mariage était un grand spectacle, où chacun prend sa place, joue son rôle et est sur scène devant un public. Elle avait raison. Du début à la fin, c'était aussi planant que le meilleur concert de la terre, car tout le monde joue le jeu.* » (Todd, 27 ans)

• « *Les copains musiciens ont joué du rock toute la nuit et je n'ai jamais autant dansé de ma vie. Ça peut paraître un peu goujat de dire ça car, bien sûr, j'aurais dû n'avoir d'yeux que pour ma femme, mais mon plus beau cadeau, ça a été toutes ces filles, plus belles les unes que les autres, qui venaient m'inviter à danser ! Il n'y avait aucune connotation sexuelle, mais ça fait quand même de l'effet !* » (Ed, 32 ans)

Si, comme en amour, les femmes sont plus sensibles aux préludes, les hommes, eux, frétillent d'impatience en attendant le grand moment et les vraies réjouissances. C'est pourquoi la période des préparatifs est toujours délicate et suscite tant de petites querelles. « Ma fiancée et moi nous sommes sérieusement accrochés sur l'organisation de notre mariage, soupire Kel, 30 ans. Sa famille insistait pour une réception très officielle et très traditionnelle, tandis que la mienne envisageait une fête plus originale. Quand mes parents ont lancé l'idée d'une fête hawaïenne, elle a pété un câble. Ça a pris des proportions incroyables. Personnellement, je n'avais pas de préférence, mais je ne voulais absolument pas laisser quoi que ce soit nous gâcher cette journée. J'ai fini par dire à mes parents que c'était à la mariée de trancher, point barre. »

Cet apparent détachement est sans doute à l'origine de bien des malentendus : nous ne nous prononçons pas sur les décisions matérielles et tout nous est plus ou moins égal, mais cela ne signifie pas pour autant que le jour de notre mariage est un samedi comme un autre !

POURQUOI NE S'INTÉRESSE-T-IL PAS DAVANTAGE À NOTRE MARIAGE ?

Quand l'une de mes amies s'est mariée, son fiancé a participé à tous les préparatifs. Il l'a aidée à choisir les fleurs, le gâteau, tout. Il était visiblement très heureux de se marier et il s'investissait pleinement dans l'aventure. Mon fiancé est tout le contraire. Quoi que je lui demande, il répond invariablement « ça m'est égal » ou « comme tu veux ». Je voudrais simplement qu'il me donne son avis, qu'il fasse au moins semblant de s'y intéresser. Ce sera le plus beau jour de notre vie, et ça ne semble pas l'exciter beaucoup plus que le plein hebdomadaire au supermarché du coin. Ces détails ne comptent pas, pour lui ?

Les fleurs et les faire-part sont les derniers de ses soucis. Cette indifférence pour les détails de la cérémonie et de la fête ne dénote pas pour autant une indifférence à votre égard ou pour le mariage. « Quand nous avons planifié le mariage, j'ai préféré la laisser diriger les opérations. Je ne m'en suis absolument pas mêlé car j'estimais que ce n'était pas mon grand jour mais le sien, à elle. Si elle préférait un glaçage à la framboise, je n'y voyais aucune objection, explique Daunte, 32 ans. Elle aurait sans doute apprécié que je l'accompagne dans tous les préparatifs, mais c'était un tel tourbillon que j'avais l'impression que c'était elle qui conduisait et que moi, j'étais le cerf qui traversait la route. J'ai pris la tangente avant de me faire écraser. » C'est bien là le problème : en fait, c'est autant son jour de gloire que le vôtre. Mais s'il n'est là que pour faire tapisserie, et être traîné de traiteur en couturier et de fleuriste en curé sans avoir son mot à dire, ça ne l'amuse pas. S'il participe aux préparatifs, c'est pour mettre son grain de sel. Et il ne prendra le temps de vous accompagner partout en parfait époux que s'il est assuré que ses avis vous importent et que vous les écouterez.

Il enterre sa vie de garçon avec ses copains. Dois-je m'inquiéter ?

Mon fiancé a prévu une tournée des grands ducs avec son meilleur copain, qui n'est pas le personnage le plus fréquentable qui soit. J'imagine déjà leurs beuveries décadentes au milieu d'un joyeux harem de danseuses à peine vêtues, et je crains que mon fiancé ne se laisse entraîner à faire des bêtises. Ai-je raison de m'inquiéter ? Et quel plaisir retirent les hommes de ce genre d'excès vulgaires ?

Vous auriez plus de raisons de vous inquiéter si vous épousiez son meilleur ami. Mais si vous avez confiance dans votre futur mari, vous n'avez aucune raison de craindre qu'il ne sache pas se tenir. Une bringue entre garçons n'est pas nécessairement une orgie débridée où l'alcool coule à flots et où la tenue de soirée exigée des filles est un triangle de 4 cm^2. Quoique... Quoi qu'il en soit, ce genre de réjouissances n'est fait ni pour exciter votre jalousie, ni pour que vous vous rongiez une dernière fois les sangs avant de lui tenir la bride haute. L'alcool et les strip-teases ne sont que très accessoires. L'enjeu est ailleurs : l'espace de quelques heures, il sera la vedette de la soirée. C'est aussi bête que cela. Et aussi gratifiant que toutes les attentions que vous prodiguent vos parentes et amies tout au long des 12 ou 24 mois que durent vos fiançailles. Il en retire exactement le même plaisir, mais pendant quelques heures à peine.

DOIS-JE ALLER CHOISIR LES ALLIANCES AVEC LUI ?

Plusieurs de mes amies sont allées choisir leur alliance avec leur fiancé. Je trouve que la démarche manque singulièrement de romantisme, mais d'un autre côté, je préférerais l'aider à choisir une bague qui me plaît vraiment. Je ne sais pas s'il veut que nous y allions ensemble ou s'il préfère s'en charger tout seul. Quel est le meilleur moyen de lui donner des pistes sans gâcher ce qui devrait être l'instant le plus mémorable de ma vie ?

Voici une technique éprouvée par laquelle les fiancées manipulent leur promis : dites à votre meilleure amie ce que vous voulez et chargez-la de faire passer discrètement le message à monsieur. Les hommes ne tiennent pas forcément à prendre la décision ; il leur suffit qu'on leur en laisse l'illusion. Lui dicter ouvertement quelque chose de ce genre tuera cette illusion. Le manipuler discrètement lui fournira quelques indications précieuses. « Mon amie m'a montré exactement le genre de bague qu'elle voulait et ça m'a beaucoup soulagé, car s'il y avait un choix que je ne voulais pas rater, c'était bien celui-là ! Mais avec le recul, j'aurais préféré lui faire la surprise », explique

Jackson, 38 ans. Pour votre fiancé, c'est l'occasion d'écrire l'histoire que vous allez raconter à vos amis, votre famille, vos enfants, et à la planète entière. Laissez-lui le plaisir de bien préparer son scénario – pour vous deux.

PETIT PRÉCIS DE LOGIQUE MASCULINE

Trois choses que vous savez de nous :

- Si vous voulez que nous participions activement aux préparatifs du mariage, ne nous présentez pas votre programme des réjouissances bouclé et validé avant même que nous n'ayons commencé à en parler.
- Moins nous prenons de décisions, mieux nous nous portons. Ce qui ne nous empêche pas d'avoir des envies et des avis.
- Pour nous aussi, c'est le plus beau jour de notre vie. Alors ne le gâchons pas en nous chamaillant pour des broutilles. (Et gardons cette philosophie pour notre voyage de noces.)

Un peu de tact...

Ne dites pas : Toutes mes amies se marient.
Dites : Tu me rends tellement heureuse !
Parce que : On ne se marie pas pour faire comme tout le monde.

> *Ne dites pas :* Je veux un enfant.
> *Dites :* Je t'aime et je veux porter ton enfant.
> *Parce que :* Il veut être sûr qu'il s'agit bien de lui et vous, et non de vous et du bébé.

> **Drôles de zigs !**
> 2 982 dollars : somme que les hommes consacrent en moyenne à une bague de fiançailles.
> 82 % des hommes sont persuadés qu'ils resteront avec la femme qu'ils épousent jusqu'à ce que la mort les sépare.

DÉCRYPTAGES

Il n'avoue aucune préférence pour une position sexuelle.

Dépoussiérez votre exemplaire du *Kama-sutra*, révisez assidûment, surtout le chapitre 5, section 7, et suivez à la lettre les techniques prescrites. Si l'aventure vous paraît trop acrobatique, laissez parler votre corps et votre sensualité. Lui-même n'a pas préparé la séance et tout ce que vous aurez à lui offrir le ravira.

Il réclame la position d'Andromaque.

Il a passé toute sa vie aux commandes, à donner le rythme, imposer la vitesse et faire durer le plaisir. Il y a quelque chose de très excitant à vous laisser prendre le contrôle des opérations et fixer vous-même les règles du jeu pour le faire défaillir.

Il jure ses grands dieux que le porno ce n'est vraiment pas son truc.

Il cache sa petite pile de revues sur la troisième étagère à gauche, sous un tas de vieilles factures.

Question de femme

Je n'ai rien contre les films porno, mais je n'aime pas qu'il les regarde en cachette. Pourquoi refuse-t-il de partager ce fantasme avec moi ?

D'abord parce qu'il trouverait très indélicat de regarder une autre femme pendant que vous le couvrez de baisers ; ensuite parce qu'il sait qu'une Lolo Ferrari hurlant comme une hyène ne vous fera pas le même effet qu'à lui ; et enfin parce qu'il préfère garder certains fantasmes dans son jardin secret.

Mots coquins, mots câlins

La chose la plus sexy qu'une femme ait dite à Randy, 35 ans :

« ねたいです »

(Prononcer : *netai dess* – « je veux coucher avec toi », en japonais).

La chose la plus sexy que Diana, 26 ans, ait dite à un homme :

« Ta chemise est très belle, mais je préfère ce qu'il y a dessous. »

Chapitre 25

Qu'attend-il vraiment de l'amour ?

Pour lui, rien n'est jamais acquis. Réinventez sans cesse votre couple pour faire rimer « amour » avec « comme au premier jour ».

Messieurs, combien de fois par semaine aimeriez-vous faire l'amour ?	
Deux fois par mois ou moins	6 %
Une fois par semaine	8 %
Deux fois par semaine	22 %
Trois fois par semaine	28 %
Plus de trois fois par semaine	36 %
Combien de fois par semaine faites-vous l'amour ?	
Deux fois par mois ou moins	58 %
Une fois par semaine	15 %
Deux fois par semaine	12 %
Trois fois par semaine	6 %
Plus de trois fois par semaine	9 %

Tous les soirs, quand Rob, 34 ans, rentre du travail, il répète les mêmes gestes : il se change, s'assied, dîne, s'affale devant la télé, et va pianoter sur son ordinateur. Un soir, sa femme, Naomi, a voulu mettre un peu de piment dans sa routine. « Nous regardions tranquillement la télé. À un moment donné, je suis allée à la salle de bains et je suis revenue sur le canapé, toute nue. Ça a dû l'impressionner, car il a raté la fin du film... et toutes les émissions suivantes. »

Rob a eu ce que tout homme attend d'une relation durable : une pointe d'inattendu. Et une pincée d'érotisme en prime, ce qui ne gâche rien.

Pour un couple, le secret de la longévité tient au subtil dosage entre le prévisible et la surprise, dans notre vie sexuelle comme dans notre quotidien, et au-delà de la chambre à coucher, dans toutes les pièces de la maison – la cuisine, le salon, la salle de bains. Nous avons besoin de la stabilité d'une femme forte, prévisible, bonne mère, passionnée par ce qu'elle aime, intelligente et qui nous stabilise – et stabilise nos futurs enfants. « Tout le monde dit que c'est l'habitude qui tue la vie de couple, rappelle Bryan, 30 ans, qui est marié depuis six ans. Pourtant, nous, nous avons notre petite routine plan-plan : le vendredi soir, c'est raviolis et verre de vin devant un film. Le samedi, une demi-journée de balade, puis brunch dans un restaurant du coin. Le dimanche matin grasse matinée et câlin. C'est répétitif, mais c'est peut-être pour cela que ça marche bien. »

Pourquoi la routine est-elle si importante ? Parce que dans notre esprit, une femme qui est prévisible est également une femme qui prend des responsabilités – et c'est le genre de femme avec qui nous souhaitons partager notre vie. Nous voulons vivre avec une femme qui paie régulièrement les factures, qui est investie dans sa carrière et/ou sa famille, qui est assez stable pour constituer notre point d'ancrage. Ajoutez à cela un soupçon d'esprit d'indépendance et une capacité à prendre des décisions (réfléchies) sur un coup de cœur, et vous avez le portrait-robot de la femme idéale pour un homme.

COMMENT SAVOIR CE QUI EST TROP OSÉ POUR LUI ?

Nous sortons ensemble depuis un an et je m'efforce de mettre un peu de piment dans nos relations. Je vis à New York, et un soir je me suis déshabillée au bureau, j'ai enfilé mon imper, j'ai pris le métro et j'ai débarqué chez lui avec un grand sourire et une surprise. Mais par la suite, mon ami a pris un ton très paternaliste en me disant que c'était dangereux, que je n'aurais pas dû faire ça, etc. Je suis un peu vexée qu'il n'ait pas apprécié que je fasse tout cela pour lui.

Les hommes aiment sans aucun doute prendre leur part de risque. (« Nous avons réussi à faire l'amour dans un lagon en Jamaïque, en plein jour, devant des centaines de gens, sans nous faire prendre », plastronne Braden, 32 ans.) Mais à mesure qu'une relation se consolide, il y a les bons risques et les mauvais risques. Votre ami n'a pas pu s'empêcher de se demander ce qui se serait passé si vous vous étiez fait prendre en chemin, si un vicieux lubrique avait essayé de vous tripoter, si vous étiez passée sur une bouche d'aération, que sais-je encore ? Pour le reste, ne vous faites pas de souci : il a apprécié à sa juste valeur le cadeau que vous lui avez fait, mais sa réaction montre qu'il tient autant à vous protéger qu'à profiter de vos charmes.

COMMENT EMPÊCHER UNE RELATION DE SOMBRER DANS LA ROUTINE ?

J'ai vécu deux fois en couple pendant relativement longtemps – un an, puis trois ans pour la dernière. Chaque fois, j'en arrive à un point où la relation sombre dans la routine et l'habitude. Je me demande ce que les hommes pensent de cette routine et ce qu'ils attendraient de leur compagne. Je suis maintenant avec mon nouvel ami depuis huit mois et je ne voudrais pas qu'il finisse par s'ennuyer auprès de moi.

Dans une vie de couple, la routine n'exclut pas forcément les bonnes habitudes. L'amour le matin est une habitude dont personne ne saurait se plaindre. Si vous avez l'impression de basculer dans la routine, il y a de fortes chances que ce soit plutôt vous que lui qui commence à s'ennuyer. « Parfois, ma copine a l'air tout émoustillée, passe la soirée à me taquiner et à m'allumer, puis dès qu'elle se déshabille elle reprend ses petits airs d'épouse modèle et on retombe dans le grand classique », confie Pat, 32 ans. Pour sortir de la routine, un seul mot d'ordre : l'imagination au pouvoir ! Gardez une part de mystère, cultivez l'art de la surprise, pour qu'il ne sache jamais à quel moment vous allez lui faire le grand show, transformer le salon en Crazy Horse ou, mieux encore, lui pincer les fesses pendant qu'il fait la vaisselle. Gardez-nous sur le qui-vive, nous vous garderons toujours auprès de nous.

Qu'attend un homme d'une relation durable ?

Y a-t-il une devise que je devrais garder à l'esprit ?

Oui : aimez-nous comme si vous nous connaissiez depuis des années. Surprenez-nous comme si vous nous connaissiez depuis quelques jours.

Petit précis de logique masculine

Trois choses que vous savez de nous :
• Ce n'est pas l'habitude qui tue la vie de couple. Ce sont les mauvaises habitudes et l'ennui.
• Un strip-tease surprise : inestimable.
• Dans une vie de couple installée, le dosage idéal est de trois quarts de stabilité pour un quart d'improvisation. La stabilité fixe les repères indispensables à notre quotidien ; l'improvisation est ce qui met du piment dans notre vie.

Un peu de tact...
Ne dites pas : À 45 ans, tu veux monter un groupe de rock ? Le ridicule ne tue pas !
Dites : Tu vas monter un groupe de papys du rock ? Génial !
Parce que : Il n'est jamais trop tard pour réaliser son rêve d'ado.

> **Drôles de zigs !**
> 80 % des hommes font rimer « amour » avec « toujours ».

Décryptages

Il refuse de me donner son mot de passe.

Pour vous, c'est une question de confiance. Pour lui aussi. Même s'il n'a rien à cacher, il ne cédera jamais car son mot de passe symbolise la clé de son jardin secret. En le poussant dans ses retranchements, vous ne parviendrez qu'à l'étouffer. C'est le meilleur moyen pour qu'il vous file entre les doigts.

Il m'assure qu'il ne peut pas vivre sans moi.

Il a trop écouté Patrick Bruel.

Il m'agonit d'injures quand je lui annonce que je le quitte.

Il vous rappellera dans quelques semaines pour implorer votre pardon... après avoir écouté Patrick Bruel pendant des heures.

Question de femme

Pourquoi profite-t-il de la moindre situation pour caser une réplique de film au lieu de me répondre simplement ?

Parce que les répliques célèbres lui permettent d'exprimer une émotion ou un sentiment, d'étaler sa culture, et par-dessus le marché de se prendre pour Marlon Brando, Steve Martin ou Humphrey Bogart l'espace d'un instant. Ne lui refusez pas ce plaisir innocent.

Mots coquins, mots câlins

La chose la plus sexy qu'une femme ait dite à Drew, 26 ans :

« Tu n'es pas près d'oublier la nuit que je vais te faire vivre ! »

La chose la plus sexy que Julia, 33 ans, ait dite à un homme :

« Tu me mets l'eau à la bouche... »

REMERCIEMENTS

Mes remerciements les plus vifs vont à tous les gens qui, par leurs talents, leur travail et leur dévouement extraordinaires, m'ont soutenu, encouragé et inspiré. Je pense en particulier à :

Steve Murphy, dont le courage et l'attachement sans faille à la qualité éditoriale ont fait de Rodale la maison d'édition la plus agréable du monde pour un auteur.

La famille Rodale, sans laquelle rien de tout cela ne serait possible.

Ben Roter, à qui j'aimerais ressembler quand je serai grand.

Ted Spiker, le meilleur coauteur de la terre, et son épouse Liz, pour sa patience d'ange.

Stephen Perrine, mon éminence grise. Merci de m'aider à vivre pleinement ma vie.

Paige Nelson, le plus admirable Nelson qu'il m'ait été donné de connaître.

Nicole Beland, dont la perspicacité et l'humour ont nourri ce livre et éclairent depuis longtemps des millions de lecteurs de *Men's Health*.

Fotoulla Euripido et Emily McKeen, concepteurs de l'enquête exclusive qui a délié la langue à des milliers d'hommes taciturnes et écouté autant de femmes bavardes, et les ont aidés à vider leur sac.

Joe Herroun, graphiste qui respecte autant les mots que les images.

Toute l'équipe de la rédaction de *Men's Health*, journalistes, rédacteurs, enquêteurs, maquettistes et directeurs artistiques – tous parmi les plus fins esprits de la profession.

Une ovation debout à Liz Perl, Leigh Haber, Katrina Weidknecht, Kelly Schmidt, Sara Cox, Jennifer Giandomenico, Jackie Dornblaser, et à tous ceux qui ont mis tant de cœur à l'ouvrage pour que ce livre voie le jour.

Mon frère, Eric, dont la merveilleuse famille est pour moi un modèle.

Ma mère, Janice, qui a élevé presque toute seule ses deux garçons. Ta force et ta gentillesse guident chacun de mes pas.

Mon père, Bodhan, qui a quitté ce monde bien trop tôt. Tu me manques terriblement.

Mon oncle, Denny Stanz, pour son éternelle jeunesse.

Ma belle-mère, Mickey, qui a gardé son âme et son énergie de jeune fille.

Et toute ma gratitude à : Dan Abrams, Jeff Anthony, Jeff Beacher, Matt Bean, Mary Ann Bekkedahl, Mark Bricklin, Michael Bruno, Marianne Butler, Adam Campbell, Monika Chiang, Jeff Csatari, Jack Essig, Jessica Guff, Jon Hammond et Karen Mazzota, Erin Hobday, Samantha Irwin, George Karabostos, Elaine Kaufman, Cindi Leive, Charlene Lutz, Mandy et Raina, Vincent Maggio, Matt Marion, Sandra Matthiesen, Paul McGinley, Peter Moore, Jeff Morgan, Sarah Peters, John Phelan, Bill Phillips, Richard et Sessa, Scott Quill, Amy Rosenblum, Eric Sacs, Bill Stanton, Bill Stump, John Tayman, Pat et Steve Toomey, Marc Victor et Kate White. Merci à tous pour vos précieux conseils et votre soutien indéfectible.

Composition réalisée par PCA

Achevé d'imprimer en janvier 2009 en Espagne par
LITOGRAFIA ROSÈS S.A.
08850 Gava
Dépôt légal 1re publication : février 2009
LIBRAIRIE GÉNÉRALE FRANÇAISE
31, rue de Fleurus – 75278 Paris Cedex 06

30/8493/6